Mohd. Sadique Shaikh Anwar

Essencial da Computação Quântica

Mohd. Sadique Shaikh Anwar

Essencial da Computação Quântica

Uma abordagem revista à computação da próxima geração fundamental

ScienciaScripts

Imprint

Any brand names and product names mentioned in this book are subject to trademark, brand or patent protection and are trademarks or registered trademarks of their respective holders. The use of brand names, product names, common names, trade names, product descriptions etc. even without a particular marking in this work is in no way to be construed to mean that such names may be regarded as unrestricted in respect of trademark and brand protection legislation and could thus be used by anyone.

Cover image: www.ingimage.com

This book is a translation from the original published under ISBN 978-3-8383-6529-9.

Publisher:
Sciencia Scripts
is a trademark of
Dodo Books Indian Ocean Ltd., member of the OmniScriptum S.R.L Publishing group
str. A.Russo 15, of. 61, Chisinau-2068, Republic of Moldova Europe
Printed at: see last page
ISBN: 978-620-2-86062-8

Essencial da Quantum Informática

"Uma abordagem revista à computação da próxima geração fundamental"

Por

Md. Sadique Shaikh

M.Sc, MBA, PGDM, DBM

Faculdade

Departamento de Ciências

Informáticas, Faculdade de Artes e

Ciências, Bhalod, Índia Director

Sukisan IT & Management Junction (SIMJ), Bhusawal

Dedicado a ....

"Minha Mãe Shahenaz Parveen",

O meu amigo de coração Nusrat, Nupur, Sonali

Meus amados amigos Manisha, Namita, Harsha, Archana, Asmi, Sameer, Sapana, Kimi, Shilpa, Mahendra, Nilesh, Imran Kavita, Dipali, Kanchan, Manu, Vasundhra e Deepak".

Índice

Bloco um: História e revisão sobre a Quantum Computing

Introdução:

O recente aparecimento de ferramentas e técnicas de fabrico capazes de construir estruturas com dimensões entre 0,1 e 50 nm abriu inúmeras possibilidades de investigar novos dispositivos num domínio de dimensão até agora inacessível aos investigadores experimentais. O painel de nanotecnologia do WTEC analisou a investigação nos Estados Unidos, Japão, Taiwan e Europa para descobrir que existe uma considerável actividade de nanociência e tecnologia nos laboratórios universitários, industriais e governamentais em todo o mundo. A percepção obtida com este inquérito sugere áreas de força e áreas de possível melhoria no terreno. Há um estudo intenso em todo o mundo   para determinar o ponto exacto da escala dimensional onde se torna fisicamente inviável ou financeiramente impraticável continuar a tendência para a redução da dimensão, aumentando ao mesmo tempo a complexidade dos chips de silício. Em alguns dos mesmos laboratórios onde as actividades de investigação sobre Si estão a diminuir, as actividades de investigação sobre dispositivos electrónicos únicos (SEDs) estão a aumentar. Embora existam inúmeras questões envolvendo contactos eléctricos, interligações, fiabilidade, e afins, uma das questões fundamentais no debate sobre miniaturização/complexidade diz respeito ao próprio Si MOSFET quando o comprimento do portão é reduzido para menos de 50 nm. Será que se comporta como um dispositivo   inquérito do painel do WTEC, a maioria das actividades que examinam estas questões estão a ter lugar em

Laboratórios industriais japoneses.

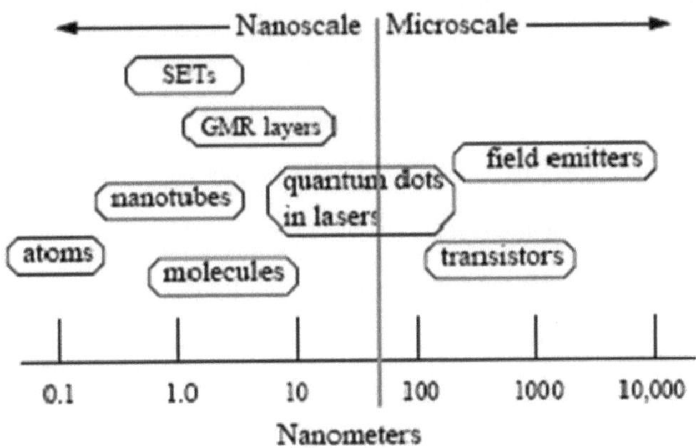

Quantum Computing:

O microchip encolhido na Nanoescala irá oferecer-nos a capacidade de continuar a lei de Moore para várias gerações de chips mais, mas a nanotecnologia também oferece algumas possibilidades provocadoras de vencer mesmo essa incrível tendência. Uma destas possibilidades é a noção de "computação quântica", utilizando as propriedades quânticas das partículas para fazer computação. Para além das propriedades que conhecemos como massa e carga, os electrões têm números de propriedades quânticas, uma das quais é chamada de "Spin". Para o nosso presente propósito, o que rodar não importa. O que importa é que tem valor +1/2 ou -1/2 e que pode ser manipulado de formas interessantes. Para a nossa discussão sobre a computação quântica. Talvez seja melhor pensar em spin não como +1/2 e -1/2, mas como valores binários amigáveis para o computador onde +1/2 é como um "1" e - 1/2 como um "0" binário e estes bits chamados Qubits (côvado) i.e. dígito binário quântico. Assumindo que

podemos controlar o valor do spin, podemos agora pensar no nosso electrão como representando a mais pequena unidade de informação digital, 1 bit. Uma vez que os

computadores quânticos se comportam de forma um pouco diferente

5

de computadores convencionais, não nos contentaremos, no entanto, em chamar-lhe um pouco de jut. O termo de arte é uma desistência a não confundir com a antiga medida 'côvado' usada por Noé para construir a sua arca.

Enquanto que seria uma realização apenas para poder representar um pouco de informação num   a medir, altura em que a centrifugação se torna fixa. Até esse ponto, comporta-se um pouco como 0 e um pouco como 1 e pode ser mais facilmente pensado como 0 e 1 ao mesmo tempo, esta desordem comportamental a que o cientista quântico chama uma "Superposição" de estado 0 e 1.

Embora a rotação não seja determinada até que seja medida, pode ser ajustada utilizando luz de frequências específicas. A luz que se utiliza e a forma como a pulsamos e polarizamos actua como um programa para computador quântico. Mas o Estado Qubits (0 ou 1) não é determinado enquanto o programa estiver em execução, uma vez que ainda não o mediu. Por conseguinte, executa efectivamente um comando dando como se tivesse ambos os valores, executando uma dupla operação em paralelo. Os Qubits também podem ser ligados um ao outro para que o estado de um afecte o estado dos outros. Este processo chama-se emaranhamento e é a chave para fazer um computador com mais do que um.

Esta capacidade de executar programas em paralelo com todas as respostas possíveis sendo representadas é fundamental para uma série de problemas interessantes na ciência da computação. A maioria da tecnologia criptográfica, incluindo RSA e DES, duas das tecnologias de encriptação mais comuns na Internet, baseia-se na ideia de que os grandes números são muito difíceis de considerar. Um computador convencional, por muito grande e rápido que seja, pode demorar mais tempo do que tem havido desde o Big Bang para quebrar códigos muito rápida e facilmente criados num PC doméstico. A computação quântica poderia alterar tudo isso através do factoring em paralelo, poderia quebrar estes códigos de forma bastante rápida e fácil. Este é um exemplo de uma operação que não é feita apenas mais rapidamente pela computação quântica é considerado tão importante uma vez que a criptografia é fundamental (por assim dizer) para toda a segurança digital. As pesquisas em bases de dados são outro algoritmo que beneficiaria grandemente da computação quântica.

Mas existem desafios significativos no fabrico de computadores quânticos, e a maioria deles está relacionada   com o emaranhamento. Quanto mais electrões tiver emaranhados, maior a probabilidade de que algum raio cósmico ou outro fenómeno exterior de passagem afecte um deles e desloque todo o seu cálculo. A este processo chama-se decoherence. Actualmente, foram feitos computadores quânticos com um punhado de qubits, mas parece improvável que as abordagens actuais sejam capazes de construir computadores com mais de 10 qubits. A adição de um bit de paridade, uma abordagem utilizada em computadores electrónicos para fazer correcções de erros ao transmitir por meios incertos, é uma possibilidade que pode aumentar ligeiramente o número. Uma vez que os seus computadores de tubo de ensaio também tendem a sofrer de decoherence após cerca de 1000 operações, há claramente muito trabalho a ser feito. Ainda assim, o facto de se ter demonstrado que este fenómeno é viável é muito excitante, e muita investigação está a ser feita nesta área. Por volta de 2030, os computadores poderão não ter transístores e chips. Pense num computador que seja muito mais rápido do que um computador clássico de silício comum. Este pode ser um computador quântico. Teoricamente, pode funcionar sem consumo de energia e mil milhões de vezes mais rápido do que os computadores PIII actuais. Os cientistas já pensam num computador quântico, como uma próxima geração de computadores clássicos. Gershenfeld diz que se se continuar a fazer transístores cada vez mais pequenos com o mesmo ritmo que nos últimos anos, então no ano 2020, a largura de um fio num chip de computador não será mais do que o tamanho de um único átomo. Estes são tamanhos para os quais as regras da física clássica já não se aplicam. Os computadores concebidos com a tecnologia actual do chip não continuarão a ficar mais baratos e melhores. Devido ao seu grande poder, o computador quântico é um próximo passo atractivo na tecnologia informática Uma tecnologia de computadores quânticos é também muito diferente. Para o funcionamento, o computador quântico utiliza bits quânticos (qubits). Qubit tem um quaternário

natureza. As leis da mecânica quântica são completamente diferentes das leis de uma física clássica. Um qubit pode existir não só nos estados correspondentes aos valores lógicos 0 ou 1 como no caso de um bit clássico, mas também num estado de sobreposição. Um qubit é um bit de informação que pode ser simultaneamente zero e um (estado de sobreposição). Assim, um computador que trabalha com um bit qubit em vez de um bit padrão pode fazer cálculos utilizando os dois valores simultaneamente. Um qubyte é composto por oito qubits e pode ter todos os valores de zero a 255 em simultâneo. "Os sistemas de múltiplos qubits têm uma potência superior a tudo o que é possível com computadores clássicos". (Computadores Quantum & Lei de Moore) Quarenta qubits podem ter o mesmo poder que os supercomputadores modernos. Segundo Chuang, um supercomputador precisa de cerca de um mês para encontrar um número de telefone da base de dados constituída por listas telefónicas mundiais, onde um computador quântico é capaz de resolver esta tarefa em 27 minutos. O Instituto de Tecnologia de Massachusetts, a Universidade de Oxford, a IBM e o Laboratório Nacional de Los Alamos são os mais bem sucedidos no desenvolvimento de computadores quânticos. Uma abordagem para resolver este problema é a utilização de electrões em nanodots em vez de electrões em átomos individuais como qubits, nesta abordagem, os nanowires são utilizados para ligar os nanodots e proporcionar emaranhamento. Este método proporciona uma solução intrigante para o problema do controlo do enredamento através da introdução de uma ligação física, algo que não pode ser feito   tão facilmente entre dois átomos. É também uma ilustração grandiosa do poder da capacidade dos materiais a granel de serem moldados em dispositivos físicos, que se adapta às propriedades quânticas do único electrão para fornecer um tipo de computador totalmente novo.

Representação de dados digitais v/s Quantum data Representação de dados quânticos:

A	B
-1/2	-1/2
-1/2	+1/2
+1/2	-1/2
+1/2	+1/2

A	B
0	0
0	1
1	0
1	1

Rodar:

Tabela1: mostra dados quantum bit (Qubit) com comparação de dados digitais (bit). Representamos o estado de bit quântico alto ou baixo i.e. 0 e 1 no caso de "spin" digital por "spin" de um único electrão ou "up spin = +1/2" ou "down spin = -1/2" que representam Quantum 1 ou 0 respectivamente. Para uma possível combinação Qubits "spin orbit coupling" e "Quantum point contact (QPC)" é utilizada.

Tunelagem:

Na electrónica de semicondutores "Tunneling" de electrões de uma barreira a outra barreira através de Small Island (ou seja, ponto quântico) proporcionam maior compactação com alta velocidade e sensibilidade à electrónica de semicondutores e dispositivos opto-electrónicos. Tal como MODFET, MESFET, MOSFET, HEMT e dispositivos semicondutores de poço quântico, que funcionam em fenómenos de tunelização, como já discutimos em estrutura de superlattissima estrutura. Esta tunelização é possível através da formação de "Miniband" em múltiplos poços Quantum, fios e dispositivos de ponto que é possível através da redução da espessura do

barreira tipicamente inferior a 40 A0 para fabricar dispositivos em nm. Agora este túnel também desempenha um papel muito importante no armazenamento de pontos quânticos, ou seja, nano-armazenamento onde um ponto quântico actua como um único transístor de electrões (SET). Neste SET, os dados são representados por "spin" e a troca de dados de um SET para outro SET só é possível devido à "tunelização" do electrão. Assim, a maior e muito grande vantagem desta tunelização do electrão de um QD (SET) para outro QD (SET) é que não requer quaisquer fios para trocar dados, pelo que o tamanho é novamente reduzido e não requer qualquer fio para trocar dados.

A possibilidade de transferência de informação quântica entre locais arbitrariamente remotos (ou seja, a teleportação quântica é uma das pedras angulares do campo emergente das comunicações quânticas). Os refinamentos espectaculares das técnicas e equipamentos experimentais tornam-no possível para laboratórios bastante modestos realizarem experiências "puramente quânticas" com consequências epistemológicas, científicas, e práticas de grande alcance.

O **enredamento** é a chave para um novo reino de fenómenos quânticos que, até muito recentemente, não podiam ser observados, analisados, ou utilizados. É uma propriedade inerentemente quântica (ou seja, não-clássica) que oferece explicações razoáveis e consistentes para a violação das desigualdades de Bell ou do famoso paradoxo felino de Schrödinger. A análise quântica mecânica produz previsões de comportamentos não clássicos, tais como a compressão de fases de amplitude ou "aparente violação da causalidade" em experiências envolvendo estados enredados. Além disso, o enredamento oferece sólidas perspectivas de implementação de criptografia segura (quântica), algoritmos de computação quântica, e teleportação quântica.

As medições realizadas em tais sistemas quânticos demonstrariam inequivocamente um comportamento não local com uma relevância prática sem precedentes. Por exemplo, se um feixe de sinal (parte emaranhada da função de onda para o 'alvo') for enviado para uma pessoa e o feixe de deslocação (parte emaranhada para o 'detector'), uma pessoa pode modular o seu próprio feixe recebido localmente e a outra pode observar os resultados da modulação através do parâmetro de visibilidade. Uma mensagem enviada desta forma é segura desde a intercepção porque a um espião falta o feixe não modulado, que é o feixe 'receptor'. Se um espião conseguisse interceptar o feixe não modulado, a pessoa que pretendesse efectuar a modulação saberia isso ao efectuar uma medição simples antes de modular.

Noutras aplicações, a intervenção de um lado não pode ser descartada como uma influência causal do outro. Em certo sentido, isto implica uma comunicação "mais rápida que a luz" (FTL), onde não há energia ou partículas a viajar mais rapidamente que a luz, mas a função de onda é. A dramática

miniaturização na tecnologia informática ao longo das últimas décadas está a atingir rapidamente o ponto em que seremos forçados a utilizar a física quântica para descrever operações computacionais elementares. Assim, à escala nanométrica, a própria teoria que descreve o que os computadores podem fazer deve ser revista. Inicialmente, os investigadores em computação quântica tentaram compreender como as operações básicas de um computador convencional poderiam ser realizadas utilizando interacções mecânicas quânticas. Contudo, cedo se apercebeu que a física quântica oferecia algo genuinamente novo. Explorando delicados fenómenos quânticos que não têm análogos clássicos, é possível realizar certas tarefas computacionais de forma muito mais eficiente do que pode ser feito por qualquer computador clássico. Além disso, estes mesmos fenómenos quânticos permitem realizar tarefas sem precedentes, tais como quebrar códigos supostamente inquebráveis, gerar verdadeiros números aleatórios, e comunicar com mensagens que traem a presença de espionagem. Em resumo, a computação quântica e as comunicações estão a expandir as bases do processamento de informação de uma forma consistente com a física quântica, o modelo de realidade mais preciso que é actualmente conhecido. Outro é que a realização de um computador quântico em escala real apresenta um dos problemas mais desafiantes que a ciência moderna enfrenta. Mesmo a implementação de algoritmos quânticos de pequena escala requer um elevado nível de controlo sobre múltiplos sistemas quânticos. Recentemente, foram feitos muitos progressos com demonstrações de conjuntos de portas quânticas universais em várias arquitecturas físicas, incluindo armadilhas de iões, óptica linear, supercondutores e átomos. Em teoria, estas portas podem agora ser montadas para implementar qualquer circuito quântico e construir um computador quântico expansível. Na prática, existem muitos obstáculos significativos que exigirão desenvolvimentos tanto teóricos como tecnológicos para serem ultrapassados. Um deles é o número absoluto de portões elementares necessários para construir circuitos lógicos quânticos. A maioria das abordagens à computação quântica utiliza qubits_a versão quântica de bits. Um qubit é um sistema quântico de dois níveis que pode ser representado matematicamente por um vector num espaço bidimensional de Hilbert. Realizar qubits

requer tipicamente a aplicação de uma estrutura de dois níveis em sistemas que são naturalmente muito mais complexos e que têm muitos graus de liberdade facilmente acessíveis, tais como átomos, iões ou fotões. Aqui, mostramos como o aproveitamento destes níveis extra durante o cálculo reduz significativamente o número de portões elementares necessários para construir circuitos quânticos chave. Como a técnica é independente da codificação física da informação quântica e da forma como os próprios portões elementais são construídos, tem o potencial de ser utilizada em conjunto com a tecnologia de portões existente numa grande variedade de arquitecturas.

História dos Computadores Quantum

Em 1982 R.Feynman apresentou uma ideia interessante de como o sistema quântico pode ser utilizado por razões de computação. Também deu uma explicação de como os efeitos da física quântica podiam ser simulados por tal computador quântico. Esta era uma ideia muito interessante que pode ser utilizada para futuras pesquisas de efeitos quânticos. Cada experiência que investiga os efeitos e leis da física quântica é complicada e dispendiosa. O computador quântico seria um sistema que realizaria tais experiências de forma permanente. Mais tarde, em 1985, foi provado que um computador quântico seria muito mais poderoso do que um computador clássico.

A maior diferença entre os computadores Quantum e Clássicos

A memória de um computador clássico é uma sequência de 0s e 1s, e pode efectuar cálculos em apenas um conjunto de números em simultâneo. A memória de um computador quântico é um estado quântico que pode ser uma sobreposição de diferentes números. Um computador quântico pode fazer um cálculo clássico reversível arbitrário sobre todos os números em simultâneo. Realizar um cálculo em muitos números diferentes ao mesmo tempo e depois interferir em todos os resultados para obter uma única resposta, torna um computador quântico muito mais poderoso do que um computador clássico

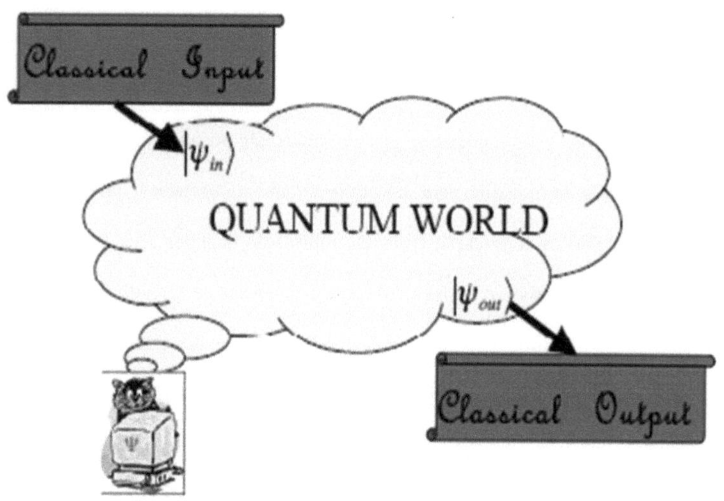

O Potencial e o Poder da Computação Quântica

Computador Quantum com 500 qubits dá 2^{500} estados de sobreposição. Cada estado seria classicamente equivalente a uma lista única de 500 1's e 0's. Tal computador poderia funcionar em 2^{500} declara simultaneamente. Eventualmente, a observação do sistema causaria o seu colapso num único estado quântico correspondente a uma única resposta, uma única lista de 500 1's e 0's, como ditado pelo axioma de medição da mecânica quântica. Este tipo de computador é equivalente a um computador clássico computador com aproximadamente 10^{150} processador.

Lei de Moore para Computadores Quânticos

De acordo com a Lei de Moore, o número de transístores de um microprocessador continua a duplicar de 18 em 18 meses. De acordo com esta evolução, se houver um computador clássico no ano 2020, este funcionará a 40 GHz de velocidade de CPU com 160 Gb de RAM. Se utilizarmos um análogo da Lei de Moor para computadores quânticos, o número de bits quânticos seria o dobro em cada 18 meses. Mas acrescentar apenas um bit quântico já é suficiente para duplicar uma velocidade. Assim, a velocidade dos computadores quânticos aumentará mais do que duplicá-la. (Computadores Quânticos & Lei de Moore,)

Bloco dois: Introdução à Quantum Computing

Cálculo quântico apresentado por Barnes, Shilton e Robinson, que se enquadra na categoria de ponto quântico semicondutor. A sua proposta de cálculo quântico baseia-se nos resultados de experiências em curso que demonstraram a captura e transporte de elétrons únicos em pontos quânticos móveis. O spin do electrão aprisionado compreende o qubit físico do esquema. Os pontos quânticos em movimento formam-se quando uma onda acústica de superfície (SAW) percorre a superfície de um semicondutor piezoeléctrico contendo um gás electrónico bidimensional (2DEG). Ver figura abaixo para um diagrama esquemático do dispositivo. Quando o SAW é feito para passar por uma constrição sob a forma de um canal quase unidimensional (Q1DC), o potencial piezoeléctrico induzido arrasta electrões para dentro e ao longo do Q1DC. Em certos regimes de parâmetros, o dispositivo transporta um electrão por potencial mínimo do SAW. Com elétrons únicos presos em pontos quânticos em movimento, o cálculo quântico envolve subsequentemente a realização de operações de um e dois débitos nos elétrons presos à medida que estes se movem com a velocidade do SAW. Daí o modelo básico sugerido para a computação quântica por investigadores de nível avançado na área, como indicado abaixo.

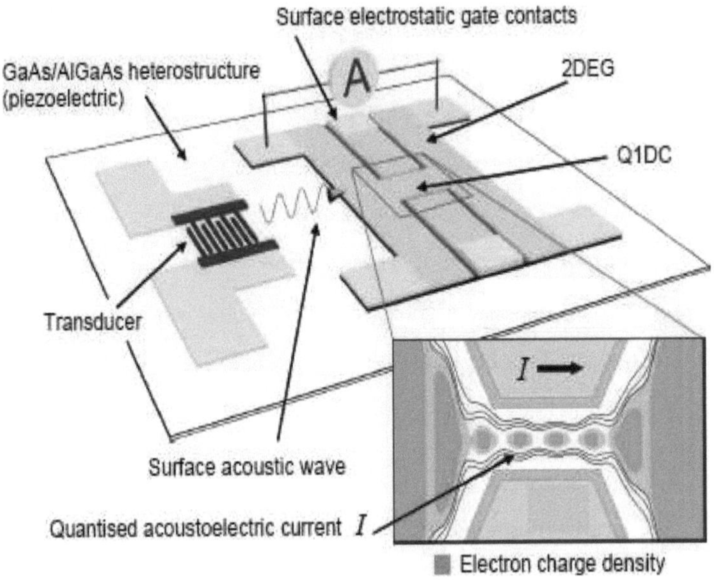

Figura: Diagrama esquemático do dispositivo experimental para produzir correntes acustoeléctricas quantificadas através de uma estreita constrição Q1DC. No zoom de inserção na constrição Q1DC, as manchas azuis representam a densidade de carga de electrões únicos presos em pontos quânticos em movimento, cujos estados de rotação compreendem as quedas físicas do esquema.

Visão Geral do Conceito Detalhado do mecanismo de armadilhagem:

A figura mostra um diagrama esquemático das correntes acustoeléctricas quantificadas em semicondutores. Um transdutor interdigitado de NiCr/Al é modelado numa heteroestrutura de GaAs/AlGaAs. Um estreito Q1DC esgotado divide o 2DEG em duas regiões, fonte e dreno. Quando um sinal AC de alta frequência é aplicado ao transdutor, uma superfície a onda acústica propaga-se através do 2DEG. Devido à piezoelectricidade das GaAs, a SAW produz um potencial eléctrico periódico que percorre o 2DEG à velocidade do som. Este potencial arrasta os electrões da região da fonte através da estreita constrição Q1DC e para o dreno. Os investigadores provaram experimentalmente que, numa gama de potências e tensões de porta SAW, a corrente que passa através do Q1DC é quantificada em unidades de ef, onde e é a carga electrónica e f é a frequência do SAW. A menor corrente quantizada corresponde ao transporte de um único electrão em cada mini Mum SAW. Normalmente, a SAW em GaAs viaja a uma velocidade de 2700 ms-1 com uma frequência de cerca de 2:7 GHz e uma potência aplicada de 3-7dBm . Com estas configurações o dispositivo produz correntes na gama de nano-amplificadores.

Diagrama esquemático de uma rede de portas quânticas num computador quântico SAW:

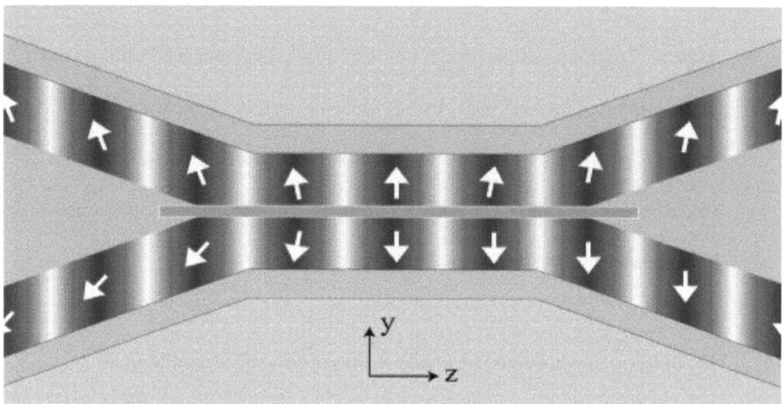

Portões de túneis de dois litros.

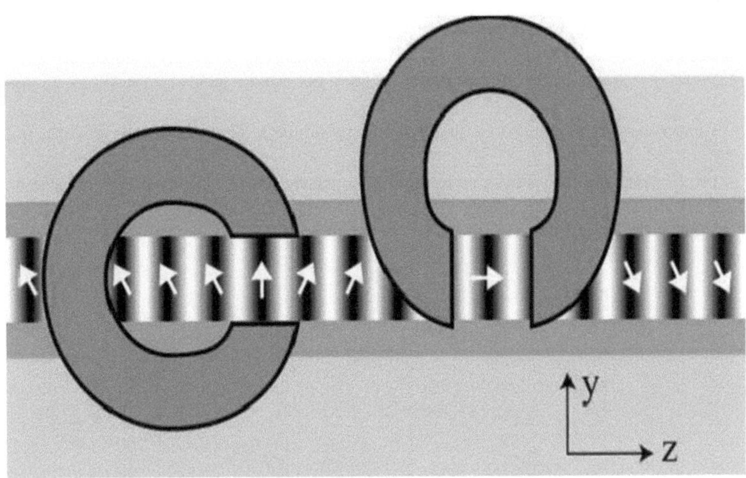

Portões magnéticos de um quilo

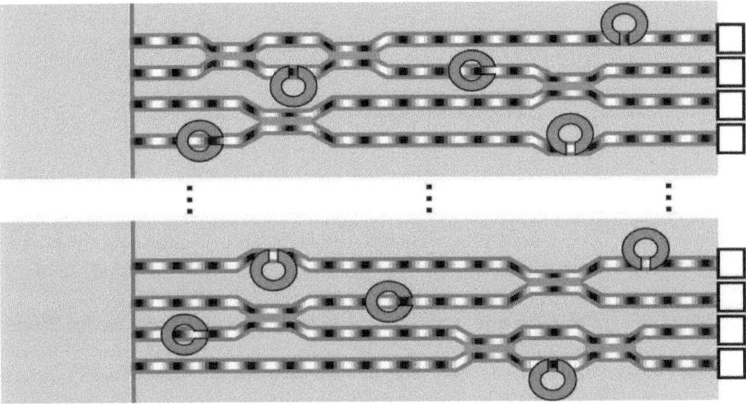

Rede de portais para cálculo quântico com giros de electrões SAW. As linhas cinzentas que correm horizontalmente representam Q1DCs. As regiões enegrecidas indicam os mínimos SAW onde residem os qubits. As setas representam a polarização do spin. Os anéis de divisão representam portões magnéticos de superfície. Os quadrados brancos representam portões de leitura de spin.

Estruturas ultra-pequenas supercondutoras:

Nestes, o qubit pode ser incorporado quer no estado quântico de fluxo de um SQUID (dispositivo de interferência quântica supercondutor), quer no número de pares quantizados de Cooper-pair de uma pequena ilha supercondutora. Observou-se recentemente uma rotação de um qubit

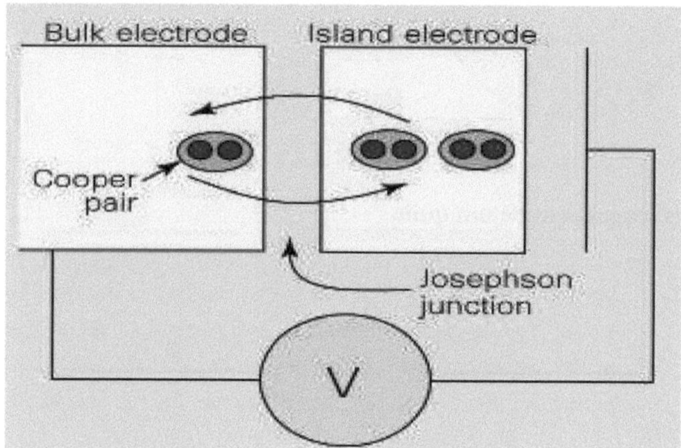

Coerência quântica numa caixa supercondutora Cooper-pair. Os pares de electrões Cooper podem túneis através da barreira de junção de Josephson no eléctrodo da ilha, e a informação quântica pode ser codificada no número de pares Cooper na ilha. Recentemente foram observadas oscilações coerentes no número de pares. A observação e caracterização da coerência da fase quântica tem sido um tema de longa data da física mesoscópica; a computação quântica dá um enfoque definitivo a este tema e faz novas perguntas sobre como os sistemas podem ser adaptados para exibir um elevado grau de coerência. Na comunidade da supercondutividade, a realização de operações controladas de um qubit equivale a alcançar o objectivo de longa data da Macroscopic

Coerência Quântica (MQC) em SQUIDs e estruturas relacionadas.

Bloco três: Ideias Fundamentais & Estratégias Quânticas para a Computação Quântica

Compressibilidade e Capacidade:

A teoria da informação clássica foi lançada por Claude Shannon, que descobriu como quantificar a compressibilidade de uma mensagem clássica, e como caracterizar a capacidade de um canal de comunicação clássico. A compressibilidade de uma mensagem quântica também pode ser quantificada, e pelo menos no caso em que cada letra da mensagem é um estado quântico puro, a resposta é muito análoga à encontrada por Shannon. Um canal quântico é aquele que transmite qubits em vez de bits clássicos. A capacidade de tal canal revela-se um conceito subtil, e uma variedade de questões importantes permanece em aberto. Vários tipos diferentes de capacidade de canal podem ser formulados e estudados; em particular, é importante distinguir entre a quantidade de informação clássica e a quantidade de informação quântica que pode ser transmitida de forma fiável através de um canal quântico. Foi demonstrado que a capacidade clássica de um canal quântico pode ser aumentada se as partes comunicantes partilharem um estado quântico pré-existente enredado ("codificação superdensa"), e que a capacidade quântica pode ser aumentada através da comunicação clássica bidireccional entre as partes. Uma implicação peculiar é indicada na Fig. Uma das grandes intuições de Shannon era que um código *aleatório* pode atingir a taxa de comunicação máxima atingível num canal clássico.

Uma grande surpresa é que a declaração correspondente não se aplica a quantum

Os códigos dos canais com uma taxa assimptótica mais elevada do que os códigos aleatórios foram construídos.

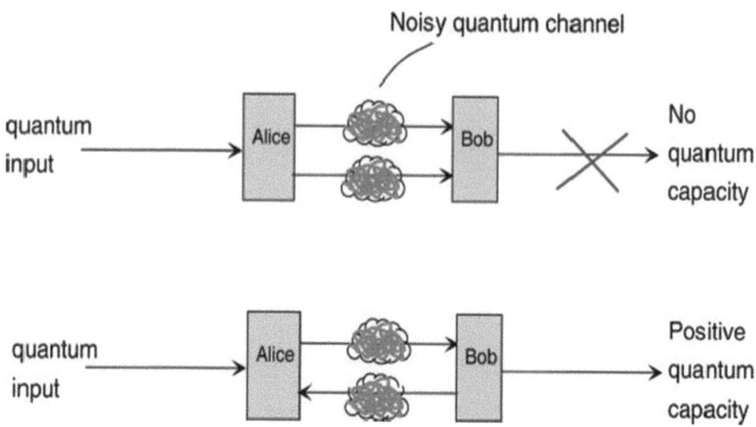

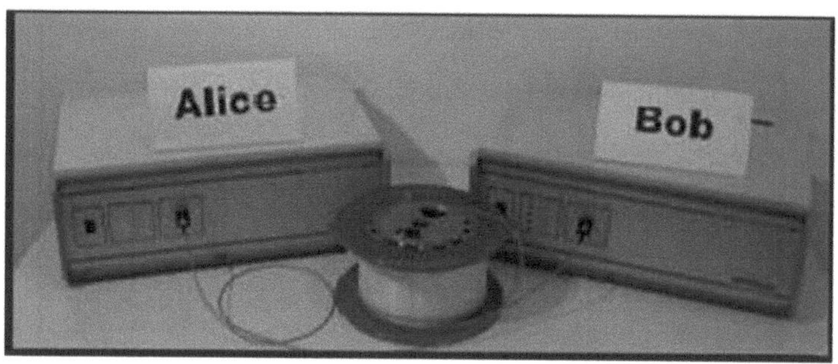

Uma propriedade surpreendente da capacidade do canal quântico que ilustra uma característica contra-intuitiva da informação quântica. Se um canal quântico é tão ruidoso que não tem capacidade para enviar informação quântica, então utilizar o canal duas vezes na mesma direcção também não envia nenhuma informação quântica. Mas se as duas transmissões estiverem em direcções opostas, a capacidade não desaparece.

Quantum Entanglement:

O enredamento quântico é uma subtil correlação não local entre as partes de um sistema quântico que não tem análogo clássico. Assim, o emaranhamento é melhor caracterizado e quantificado como uma característica do sistema que não pode ser criada através de operações *locais* que actuam sobre as diferentes partes separadamente,   ou por meio de comunicação clássica entre as partes. No caso de um estado quântico *puro* de um sistema dividido em duas partes, o emaranhamento pode ser completamente caracterizado porque pode ser reversivelmente convertido para uma moeda padrão. Se muitas cópias idênticas de um determinado estado estiverem disponíveis, então é possível com operações locais e comunicação clássica "destilar" o emaranhamento numa forma padrão - muitas cópias de um *par de sinos de* dois décimos. E os pares de sinos, com operações locais e comunicação clássica, podem ser transformados de volta em muitas cópias do estado original, com perdas negligenciáveis. Assim, o número de pares de sinos destiláveis proporciona uma medida universal de emaranhamento bipartido de estado puro. A situação é muito mais subtil e interessante para o caso de *estados mistos* bipartidos emaranhados, ou para emaranhados de estado puro com mais de duas partes. Por exemplo, alguns estados mistos bipartidos exibem *emaranhamento* - embora o emaranhamento seja necessário para criar estes estados, nenhum deste emaranhamento pode ser destilado em pares de sinos. Outra surpresa significativa é que mesmo os estados bipartidos sem emaranhamento podem exibir um tipo peculiar de emaranhamento quântico sem localidade. Pode-se construir um livro quântico com duas páginas, de tal forma que é impossível ler o livro uma página de cada vez, mesmo que as duas páginas *não* estejam emaranhadas uma com a outra. Uma vez que o enredamento não pode ser criado localmente, um estado enredado partilhado por duas partes amplamente separadas pode ser um recurso valioso (Fig. 3). Uma aplicação do emaranhamento partilhado é um novo protocolo de comunicação quântica chamado *teleportação quântica.* Se uma parte (Alice) possui um qubit num estado desconhecido, ela não pode

observar o estado sem o perturbar. Mas se partilhar um par de sinos com outra parte (Bob), então Alice pode transmitir uma réplica perfeita do seu estado a Bob, enviando-lhe apenas dois pedaços de informação clássica. No processo, o par de sinos partilhados é consumido, e o original de Alice é destruído. Uma característica estranha do teletransporte quântico é que o estado desconhecido pode tomar valores num continuum; no entanto, graças ao emaranhado pré-existente partilhado, Bob precisa de receber apenas dois bocados clássicos para recuperar a réplica perfeita. Este protocolo tem sido demonstrado de forma convincente no laboratório.

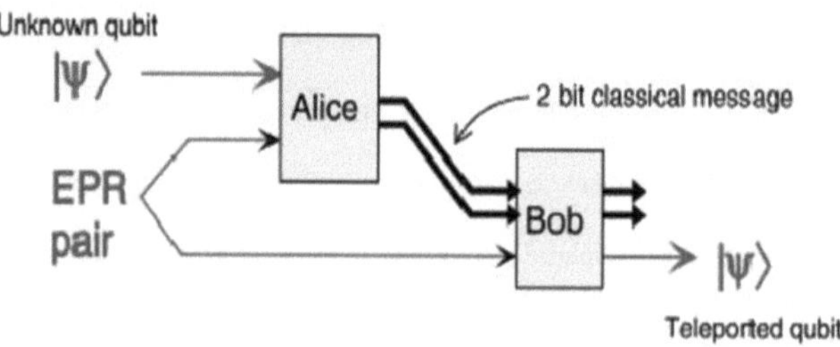

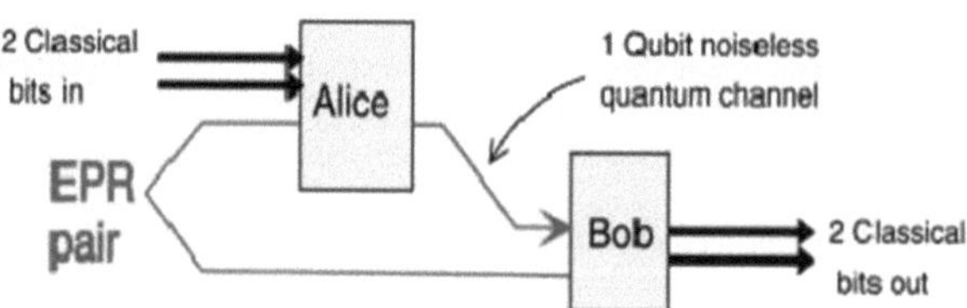

Duas tarefas relacionadas que requerem emaranhamento quântico como recurso. No teletransporte quântico, Alice recebe um qubit num estado desconhecido, e destrói-o ao realizar uma medição do sino nesse qubit e um membro de um par de qubits emaranhados que partilha com Bob. Ela envia um dois...

bit mensagem clássica (o seu resultado de medição) para Bob, que então executa uma transformação unitária no seu membro do par para reconstruir uma réplica perfeita do estado desconhecido. Em codificação superdensa, Alice recebe uma mensagem clássica de dois bits, transmite a mensagem realizando uma transformação unitária num membro de um par enredado que partilha com Bob, e depois envia esse qubit a Bob. Assim, um qubit é suficiente para transportar dois bits clássicos de informação.

Distribuição de chaves quânticas:

Os protocolos actuais para o comércio seguro na Internet dependem da suposta intractabilidade do factoring de grandes números, e tornar-se-iam inseguros se fossem descobertos algoritmos de factoring rápidos, ou se os cálculos quânticos em grande escala se tornassem práticos. Embora existam incondicionalmente técnicas de encriptação e autenticação seguras, elas são utilizadas principalmente em ambientes ultra seguros, tais como a linha directa Moscovo-Washington, porque dependem de um recurso difícil de fornecer num ambiente comercial - um fornecimento de informação chave verdadeiramente aleatória partilhada entre as partes comunicantes mas mantida em segredo de todos os outros. A distribuição de chaves quânticas (QKD) proporciona uma forma segura de gerar essa informação chave. Ao contrário de outras potenciais aplicações da ciência da informação quântica, a distribuição de chaves quânticas é prática com a tecnologia actual, pelo menos em intervalos moderados, tais como dezenas de km de fibra óptica, ou ligações ópticas terra-satélite. Os sistemas QKD do protótipo que operam até 48 km sobre fibra óptica convencional, e 1 km ao ar livre ao nível do solo, já estão a funcionar. Um objectivo experimental intermédio para a investigação QIS, mais fácil do que construir um computador quântico à escala real, é a construção de repetidores quânticos, o que tornaria a distribuição de chaves quânticas viável em distâncias arbitrariamente grandes. A distribuição de chaves quânticas foi recentemente provada "incondicionalmente segura" contra uma

adversário que escuta a transmissão quântica de qualquer forma permitida por
as leis de
mecânica quântica, mas apenas sob pressupostos idealizados que ainda não correspondem

às implementações práticas existentes. É muito provável que esta lacuna possa ser

colmatada, através de uma combinação de teoria (reforço das provas existentes para cobrir

fontes mais realistas, em particular estados pouco coerentes) e experiência (fontes

monofotónicas e detectores melhorados). Embora as actuais implementações de QKD se

tenham concentrado na demonstração da viabilidade básica, as implementações futuras

incluirão uma análise quantitativa de potenciais escutas e os protocolos de amplificação da

privacidade utilizados para a derrotar, de modo a optimizar a taxa de geração de chaves

seguras para qualquer combinação dada de fonte, canal, e detector.

Modelos de Computação Quântica:

A teoria clássica da complexidade computacional baseia-se na tese moderna Church-

Turing, que afirma que qualquer modelo "razoável" de computação pode ser *eficazmente*

simulado numa máquina probabilística Turing (um computador universal com acesso a um

gerador de números aleatórios). Mas tanto quanto sabemos, a simulação de um computador

quântico *n-qubit num* computador clássico requer um tempo de computação que cresce

exponencialmente em *n*. Assim, enquanto os teoremas da teoria da complexidade clássica

permanecerão para sempre como verdades matemáticas, eles não retratam com precisão o

poder computacional tecido nas leis da Natureza. Pelo contrário, o modelo computacional

ditado pela lei física é a máquina quântica Turing, ou o modelo de circuito quântico

equivalente; estes modelos podem simular com eficiência e precisão a evolução de qualquer

sistema quântico governado por interacções que são locais no espaço e no tempo. Um

circuito quântico consiste em fios e portões, mas onde os fios transportam qubits, e os

portões são transformações unitárias. Um computador *o cálculo quântico universal* - pode

aproximar qualquer transformação unitária actuando sobre *n* qubits a qualquer precisão

desejada. No modelo de circuito quântico, assume-se também que as qubits podem ser

inicializadas num circuito quântico.

estado padrão particular e medido numa base padrão particular. O resultado final de um cálculo quântico é obtido através da medição das qubits. Devido à aleatoriedade do procedimento de medição quântica, os algoritmos quânticos típicos não são determinísticos; há uma distribuição de probabilidades de possíveis resultados. Tais algoritmos podem, no entanto, ser muito úteis, se   verificada.

Bloco quatro: Portões e circuitos lógicos quânticos
Lógica Clássica Reversivel:

As primeiras preocupações sobre a reversibilidade do cálculo foram levantadas nos anos 70. Havia duas questões relacionadas, a reversibilidade lógica e a reversibilidade física, que estavam intimamente ligadas. A reversibilidade lógica refere-se à capacidade de reconstruir a entrada a partir da saída de um cálculo, ou função de porta. Por exemplo, a porta NAND é explicitamente irreversível, levando duas entradas para uma saída, enquanto a porta NOT é reversível (é o seu próprio inverso). A ligação à reversibilidade física é normalmente feita da seguinte forma. Uma vez que a porta NAND tem apenas uma saída, uma das suas entradas foi efectivamente apagada no processo, cuja informação foi irremediavelmente perdida. A alteração da entropia que associamos à perda de um bit de informação é ln 2, que, termodinamicamente, corresponde a um aumento de energia de kT ln 2, onde k é a constante de Boltzman e T é a temperatura. O calor dissipado durante um processo é geralmente considerado como um sinal de irreversibilidade física, de que o estado físico microscópico do sistema não pode ser restaurado exactamente como era antes de o processo ter tido lugar. Nos anos 70, as pessoas colocavam-se assim duas questões, que estavam relacionadas. Uma era se um cálculo pode ser feito de uma forma logicamente reversível (ao contrário de uma que utiliza portões NAND, por exemplo), e a outra era se algum calor precisa de ser dissipado durante um cálculo. Ambas estas questões foram, no entanto, bastante académicas, uma vez que, como Feynman salientou, um transistor real dissipa perto de 1010 kT de calor, e mesmo o mecanismo de cópia de ADN numa célula humana dissipa cerca de 100 kT de calor por bit copiado [o que é compreensível a partir de uma consideração das ligações químicas que precisam de ser quebradas no processo], ambas longe do limite ideal de kT ln 2 para irreversíveis

informática. Essa computação clássica pode ser feita reversivelmente sem energia.
 dissipado por

passo computacional foi descoberto por Bennett em 1973. Mostrou-o ao construir um modelo reversível da máquina Turing um modelo simbólico para computação introduzido pela Turing em 1936 e mostrando que qualquer problema que possa ser simulado na máquina irreversível original também pode ser simulado com a mesma eficiência no modelo reversível. A reversibilidade lógica inerente ao modelo reversível implicava que uma implementação de uma tal máquina seria também fisicamente reversível. Portões quânticos. Os blocos de construção de um computador quântico são portões quânticos. Cada um dos portões quânticos implementa uma transformação unitária em k qubits para uma pequena k Figura . A fanout - a capacidade de uma porta lógica de saída para conduzir um número de entradas de outras portas lógicas para formar circuitos mais complexos não é trivial para portas quânticas; as portas quânticas implementam transformações unitárias, reversíveis, e são obrigadas a ter o mesmo número de entradas e saídas, uma regra rigorosa que não impomos às portas clássicas que podem ter números diferentes de entradas e saídas. Em 1980, Paul Benio® percebeu que a evolução temporal Hamiltoniana de um sistema quântico isolado é reversível e poderia imitar um cálculo booleano reversível. Poucos anos depois, em 1985, David Deutsch observou que a linearidade da equação de SchrÄodinger implicava que *o mapeamento da base indicava de forma única a dinâmica de um estado inicial arbitrário*. Uma porta de um qubit efectua uma transformação unitária A de um estado de entrada

Descrição:

Circuitos e portões clássicos e quânticos. (a) Um circuito clássico implementa um multi-funções booleanas $f:\{0, 1\}n$ -$\{0, 1\}m$ e é construído utilizando um $^{-}$número nite de portas clássicas. n, o número de entradas e m, o número de saídas de um circuito clássico podem ser, e muitas vezes são, diferentes, $n \neq m$. As portas clássicas NOT, AND, NAND, OR, NOR e XOR são mostradas. a e b são variáveis booleanas, ^{1}a é a negação de a; $(a + b)$ é a soma lógica $aORb$, também escrita como $a\ b$; ab é o produto lógico $aANDb$, também escrito como $a \wedge b$; $a\ b$ é a exclusiva OR (XOR) de a e b. (b) Um circuito quântico realiza uma operação unitária no espaço Hilbert Hn e consiste numa colecção finita de portas quânticas; cada porta quântica implementa uma transformação unitária em k qubits para um k pequeno e deve ter o mesmo número de entradas e saídas. Os portões de um qubit com para as transformações Pauli, σI ; σx; σy e σz e os portões de dois qubit a CNOT e o CPHASE são mostrados.

Classical circuits and gates

Quantum circuits and gates

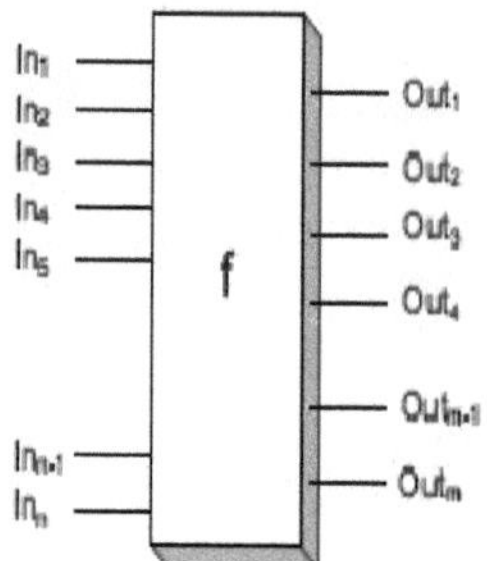

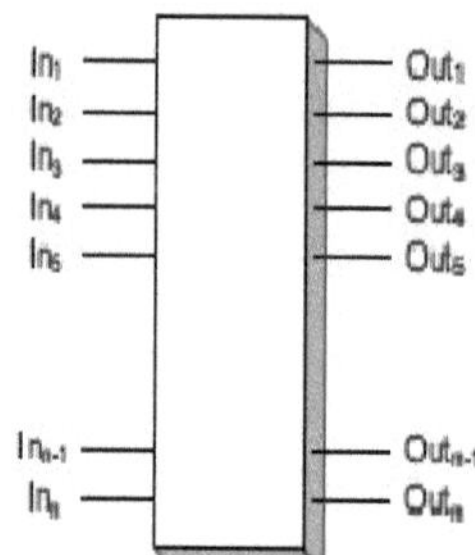

NOT

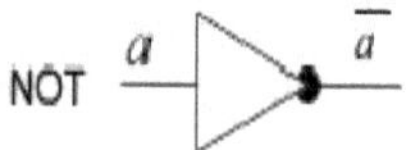

I-gate

AND

X-gate

NAND

Y-gate

OR

Z-gate

NOR

XOR

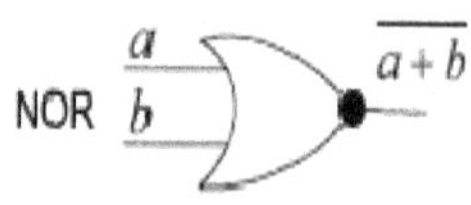

CNOT

CPHASE

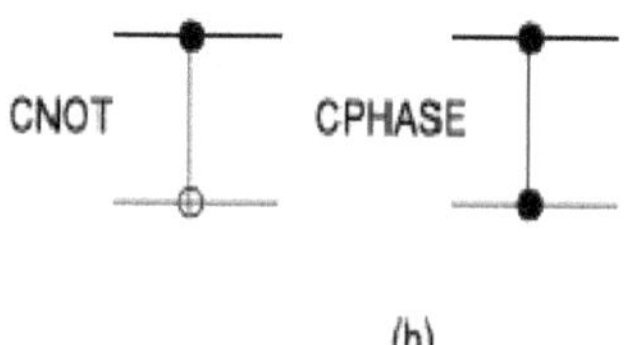

(a)

(b)

30

Quantum NOT:

NOT	$\langle 0 \rangle$	$\langle 1 \rangle$
$\langle 0 \rangle$	0	1
$\langle 1 \rangle$	1	0

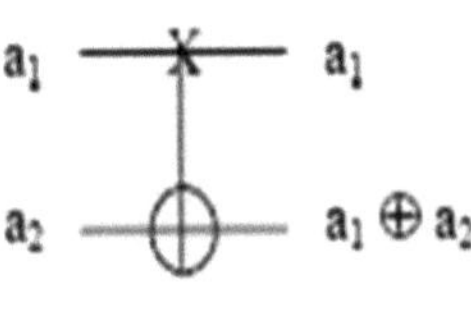

Quantum CNOT (2-Inputs XOR):

XOR = C-NOT	$\langle 00 \rangle$	$\langle 01 \rangle$	$\langle 10 \rangle$	$\langle 11 \rangle$
$\langle 00 \rangle$	1	0	0	0
$\langle 01 \rangle$	0	1	0	0
$\langle 10 \rangle$	0	0	0	1
$\langle 11 \rangle$	0	0	1	0

Quantum CCNOT(3-Inputs XOR):

T_3 = CC-NOT	$\langle 000 \rangle$ ...						$\langle 110 \rangle$	$\langle 111 \rangle$
$\langle 000 \rangle$	1	0	0	0	0	0	0	0
$\langle 001 \rangle$	0	1	0	0	0	0	0	0
$\langle 010 \rangle$	0	0	1	0	0	0	0	0
$\langle 011 \rangle$	0	0	0	1	0	0	0	0
$\langle 100 \rangle$	0	0	0	0	1	0	0	0
$\langle 101 \rangle$	0	0	0	0	0	1	0	0
$\langle 110 \rangle$	0	0	0	0	0	0	0	1
$\langle 111 \rangle$	0	0	0	0	0	0	1	0

Processamento digital e porta lógica molecular:

Actualmente, os dados informáticos na rede são elaborados electronicamente por microprocessador e trocados opticamente entre locais remotos. O processamento e comunicação de dados requerem a codificação de informação em sinais eléctricos e ópticos sob a forma de 0 e 1. Diferentes tipos de portas como AND, OR, NOT e NAND são utilizadas para processar os sinais. Mas o conceito de lógica binária pode ser alargado a sinais químicos, ópticos mecânicos ou qualquer outro tipo de sinais. Primeiro é necessário conceber o dispositivo que possa responder a estes estímulos da mesma forma que os transístores respondem aos sinais eléctricos. Os comutadores moleculares respondem à variedade de estímulos de entrada produzindo saídas específicas e podem por isso ser explorados para implementar a função lógica. Investigadores há muito tempo propuseram uma estratégia potencial para executar operações lógicas a nível molecular com a ajuda de uma molécula fluorescente. Mais tarde, a analogia entre os comutadores moleculares e as portas lógicas demonstrou a operação AND, NOT, e OR.

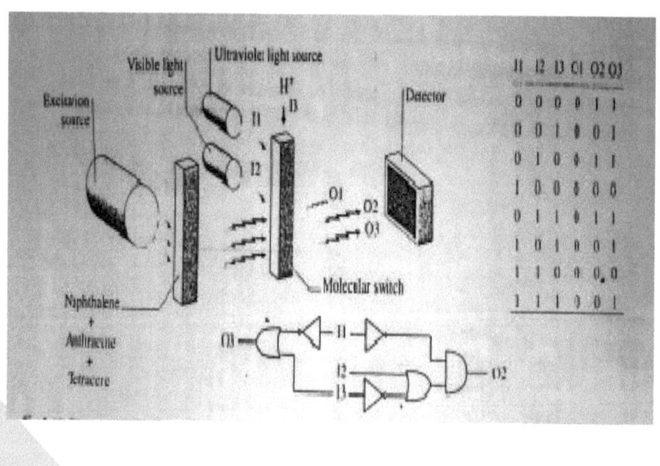

A fonte de excitação envia três feixes de luz monocromáticos (275,357 e 441 nm) para uma célula de quartzo contendo uma solução equimolar de acetonitrilo de naftaleno, antraceno e tetraceno. Os três fluoróforos absorvem os emocionantes feixes e reemitem a 305, 401 e 544 nm respectivamente. A luz emitida passa através de outra célula de quartzo contendo uma solução de acetonitrilo dos três interruptores moleculares de estado.

Paralelismo Quântico:

O computador quântico envolve muitas desistências, pelo menos uma para cada bit clássico de informação que queremos processar, e muito mais quando incluímos a codificação redundante necessária para a correcção de erros. O estado do sistema de muitos corpos será geralmente um *estado* altamente *enredado*, do tipo por trás do famoso paradoxo Einstein-Podolsky-Rosen e do teorema de Bell para o problema de dois corpos. Um estado com N qubits exigirá amplitudes de probabilidade 2N. Esta explosão exponencial do espaço de Hilbert, sem uma explosão exponencial dos recursos físicos (aqui, o número de qubits) é uma das características chave que distinguem os computadores quânticos dos clássicos computadores de ondas analógicas (por exemplo, os processadores de imagem de Fourier). Permite-nos interferir com um número *exponencial* de caminhos do nosso interferómetro virtual. Cada caminho pode ser um resultado clássico (como os factores principais) que é processado simultaneamente. Esta imagem de computação é conhecida como "paralelismo quântico".

A figura acima mostra o Paralelismo Quântico: Um computador quântico actua como um interferómetro multi-portas, operando simultaneamente em muitos resultados clássicos. Mostrado aqui é um esquema de um sistema de três qubit que pode codificar 8 resultados possíveis (0-7). A interferência entre caminhos, impulsionada pelo algoritmo quântico, leva a uma interferência construtiva para a resposta desejada a um problema computacional (aqui 0), que pode então ser lido com grande probabilidade.

Modelo de circuito quântico:

Um computador clássico pode ser descrito por um circuito. A entrada é uma cadeia de bits $(f\ \{0;\ 1\}n)$. A entrada é processada por uma sucessão de portões lógicos como NOT, OR, AND ou NAND, que transforma a entrada na saída. Em geral, os bits de saída são funções booleanas $f: \{0;\ 1\}n\ --$

⊗⧠; 1} dos bits de entrada. Uma vista esquemática é representada na Fig.

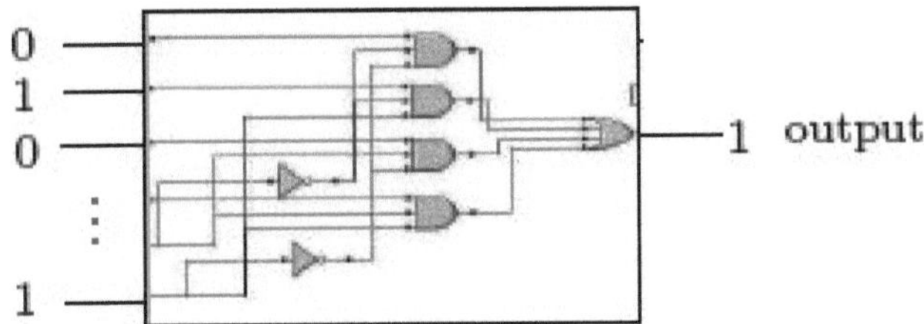

Representação esquemática de um circuito clássico de computação de uma função booleana Da forma como Feynman o coloca, um computador quântico é uma máquina que obedece às leis da mecânica quântica, em vez da física clássica newtoniana. No contexto da computação, isto tem duas consequências importantes, que definem os dois aspectos em que um computador quântico difere da sua parte clássica. Primeiro, os *estados* que descrevem a máquina no tempo são funções de ondas mecânicas quânticas. Cada unidade básica de cálculo - o *qubit* - pode ser pensada como um vector complexo bidimensional da norma 1 em algum espaço de Hilbert. A base bidimensional para tal qubit é frequentemente rotulada como |0> e |1>, onde os estados base correspondem ao bit clássico. E segundo, a *dinâmica* que rege a evolução do estado no tempo é *unitária*, ou seja, descrita por uma matriz unitária que transforma o estado num determinado momento para o estado em algum momento posterior. Um segundo ingrediente dinâmico é a *medida*. Na mecânica quântica, a observação do sistema altera-o. Na configuração mais restrita de um algoritmo quântico, uma medição pode ser pensada   estado clássico conhecido (um estado base de |0> e |1>, também chamado de *base* computacional), como por exemplo |0> Θ|0> Θ Θ -|0>, ...*que* denotaremos por |00 ..... 0>. Depois um

A transformação U é executada nas desistências. No final, as qubits são medidas na base computacional e o resultado é processado classicamente.

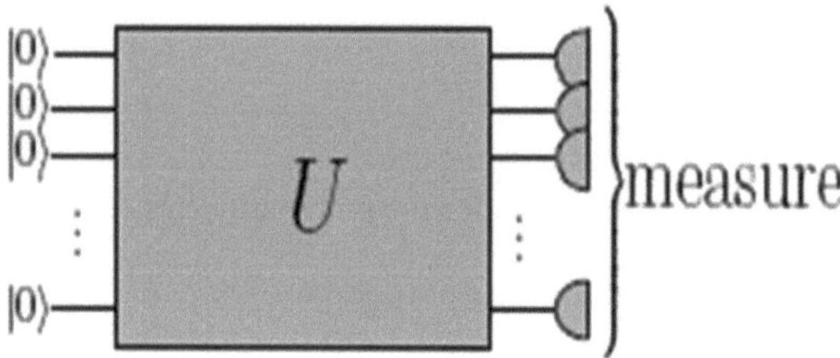

Dado este modelo, não é sequer claro se um computador quântico deste tipo é capaz de efectuar cálculos clássicos. Afinal de contas, uma matriz unitária é invertível e, por conseguinte, um cálculo quântico é necessariamente *reversível*. O cálculo clássico dado por algum circuito com portas elementares, como a porta AND e NOT, não é reversível, quanto mais porque uma porta como a porta AND tem duas entradas e apenas uma saída. Contudo, a questão da reversibilidade do cálculo clássico foi estudada no contexto da dissipação de energia por Bennett nos anos 70, que estabeleceu que o cálculo clássico pode ser tornado reversível apenas com uma sobrecarga polinomial no número de bits e portões utilizados.

Bloco cinco: Algoritmos quânticos

Algoritmos quânticos

Os algoritmos quânticos executam tarefas bem definidas num computador quântico, muito parecidas com os algoritmos clássicos. Eles são especificados por circuitos quânticos. Existem dois algoritmos quânticos distintos que merecem ser mencionados neste pequeno inquérito. O algoritmo Short-factores de grandes números nos seus principais factores de forma eficiente num computador quântico. Até à data, não se conhece nenhum algoritmo clássico que possa fazer a mesma tarefa eficientemente, e é apenas por esta razão que se garante a segurança do sistema criptográfico RSA amplamente utilizado. O outro algoritmo quântico importante é a pesquisa de Grover que proporciona uma velocidade quadrática no número de operações necessárias para pesquisar um item numa base de dados não-estruturada. Talvez as primeiras ideias sobre algoritmos quânticos se devam a Feynman, que previu um simulador quântico que pudesse simular sistemas mecânicos quânticos complexos de forma eficiente. Nas suas palavras: **"a descrição completa da mecânica quântica para um sistema grande com partículas R . . tem demasiadas variáveis, não pode ser simulado com um computador normal com um número de elementos proporcional a R . . . [mas pode ser simulado com] elementos de computador quântico"** Claramente, a realização de um computador quântico que seja capaz de simular eficazmente sistemas quânticos complexos desencadeará potencialmente enormes avanços em toda a física, química e biologia.

O Algoritmo de Deutsch:

1. **Problema: Dada uma caixa negra que toma como entrada 0 ou, 1, e saídas 0 ou 1 deterministicamente, decidir se a caixa produz o mesmo valor para diferentes entradas.**

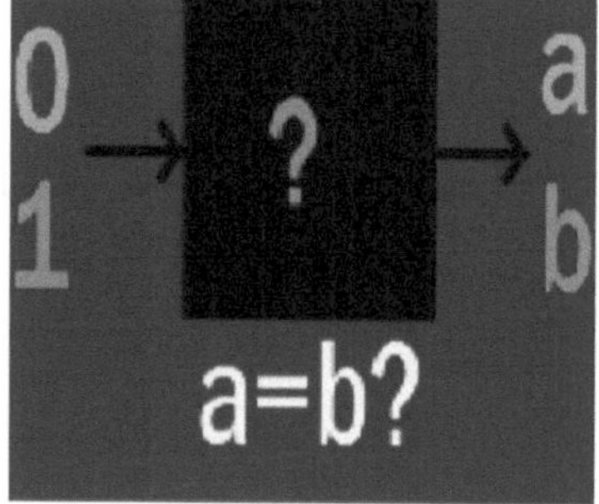

2. **Classicamente, esta caixa precisa de ser interrogada duas vezes.**

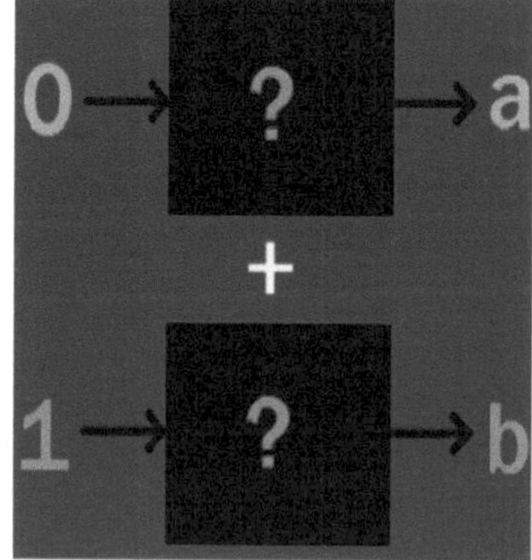

3. Se for uma caixa quântica, manipulando sobreposições de estados, só precisa de ser interrogada uma vez.

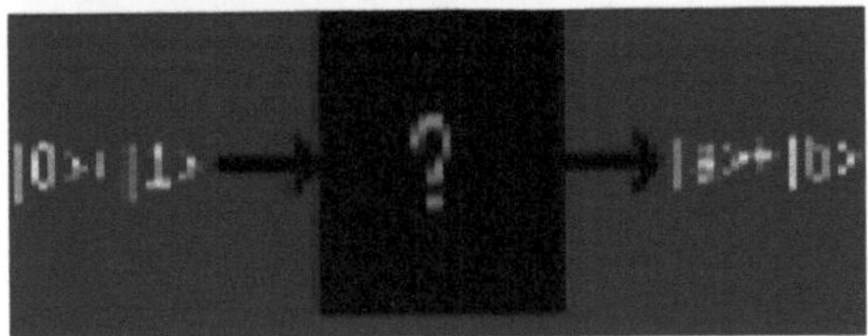

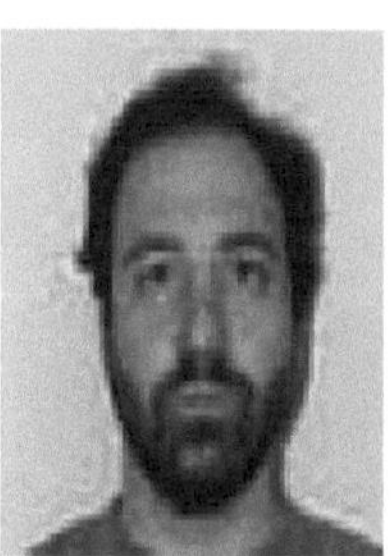

Algoritmo de Simon

Algoritmo do Generalized Deutsch para muitas perguntas ao mesmo tempo.

Exibido a problem que *requer* exponencia hor em qualquer máquina Turing, mas ispolynomialtimeon uma máquina de turing quântico.

Resultado: Os computadores Quantum são MAIS poderosos do que qualquer computador clássico pode ser.

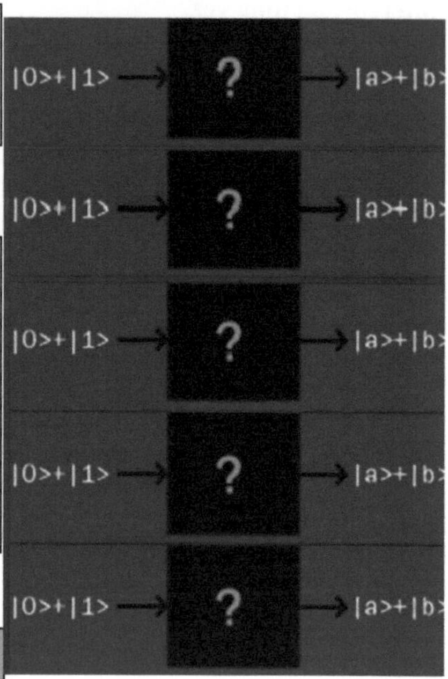

Algoritmo de Comparação de Factoring:

Anos necessários, assumindo a Lei de Moore, nenhum teorema novo, GNFS, e 1000 estações de trabalho

Year vs bitsize	1024 bits	2048 bits	4096 bits
2006	10^5	5×10^{15}	3×10^{29}
2024	38	10^{12}	7×10^{25}
2042	3 days	3×10^8	2×10^{22}

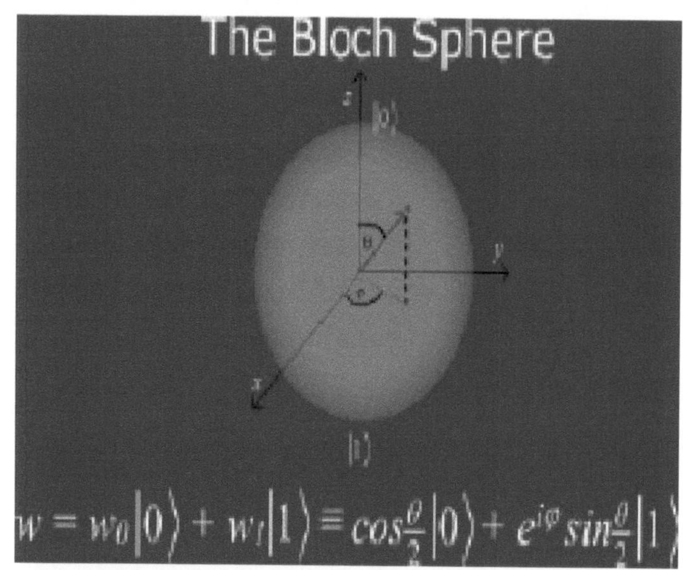

$$w = w_0 |0\rangle + w_1 |1\rangle \equiv \cos\tfrac{\theta}{2}|0\rangle + e^{i\varphi}\sin\tfrac{\theta}{2}|1\rangle$$

Minutos necessários e requisitos físicos, com um consumo de 100 MHZ QC

Bits	1024	2048	4096
Qubits	5,124	10,244	20,484
Gates	3×10^9	2×10^{11}	2×10^{12}
Time	4.5	36	288

Algoritmo de Factoring Shorts

$$\exp\left(c\left(N\right)^{\frac{1}{3}}\left(\log N\right)^{\frac{2}{3}} \right) \to N^{2}\left(\log N\right)\left(\log\log N\right)$$

Obtido a partir do estudo dos algoritmos do Deutsch e do Simon.

Reduz o factoring à *descoberta do período*.

Exponencialmente mais rápido do que o algoritmo clássico mais conhecido. Por exemplo, exigiria 1000 estações de trabalho 1029 anos para factorar um número de 4096 bit usando GNFS, mas demoraria um computador quântico de 100 MHZ apenas 4,8 horas.

O algoritmo foi verificado experimentalmente em 2001 pela IBM, usando 7 qubits para o factor 15 = 3 x 5.

Algoritmo de Grover

Encontra itens numa lista não classificada mais rapidamente do que qualquer computador clássico.

Em vez de usar N passos, apenas usa Sqrt [N], usando emaranhamento quântico para procurar em muitos lugares ao mesmo tempo.

⚑ Exemplo: Encontre um item de um milhão

⚑ Esperar olhar para 500.000 artigos (clássico).

⚑ Esperar parecer 1.000 artigos (quantum).

Isomorfismo gráfico:

A investigação actual procura um algoritmo quântico que dê um algoritmo eficiente de isomorfismo gráfico.

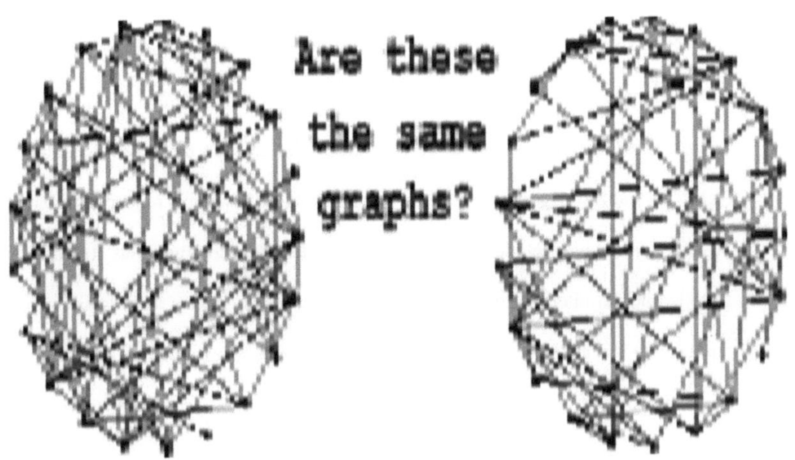

Bloco seis: Porta Quântica Lógica Universal e Processamento de Informação Quântica Básica (QIP)

CNOT-Universal Circuito Quântico

Um computador quântico hospeda um registo de qubits, cada um dos quais se comporta como sistemas mecânicos quânticos de dois níveis e pode armazenar estados de sobreposição arbitrária de 0 e 1. Foi demonstrado que qualquer cálculo num registo de qubits pode ser dividido numa série de operações de dois bits , por exemplo, uma série de portas lógicas quânticas de dois bits "controlled-NOT" (CN), acompanhadas de rotações simples em qubits simples . O portão CN transforma o estado de duas qubits $\varepsilon 1$ e $\varepsilon 2$ a partir de

$|\varepsilon 1\rangle \, |\varepsilon 2\rangle$ a $|\varepsilon 1\rangle \, |\varepsilon 1 \Theta \varepsilon 2\rangle$, onde a operação Θ é o módulo de adição 2. Reminiscente da clássica porta exclusiva-OR (XOR), a porta CN representa um cálculo ao nível mais fundamental: o qubit "alvo" $|\varepsilon 2\rangle$ é invertido dependendo do estado do qubit "controlo" $|\varepsilon 1\rangle$. A realização experimental de um computador quântico requer sistemas quânticos isolados que actuem como qubits, e a presença de interacções unitárias controladas entre os qubits que permitem a construção da porta CN. Como muitos autores assinalaram, se as qubits não forem suficientemente isoladas de influências externas, as decoherences podem destruir as interferências quânticas que formam o cálculo. Vários esquemas experimentais propostos para computadores quânticos e portões CN envolvendo uma interacção dipolo-dipolo entre pontos quânticos ou núcleos atómicos podem sofrer com os esforços de decoherências. As mudanças de luz em átomos localizados no interior de cavidades electromagnéticas demonstraram ser suficientemente grandes para se poder construir uma porta quântica onde um único fotão preparado na cavidade actua como o qubit de controlo do estado atómico. No entanto, a extensão a grandes registos quânticos pode ser difícil. Cirac e Zoller propuseram uma

arquitectura de computador quântica atractiva baseada em iões encurralados a laser em que as desistências
estão associados a estados internos dos iões, e a informação é transferida entre as

desistências através de um grau de liberdade partilhada. Os destaques da sua proposta são

que (i) as decoherences podem ser pequenas, (ii) a extensão a grandes registos é

relativamente simples, e (iii) a leitura qubit pode ter uma eficiência quase unitária.

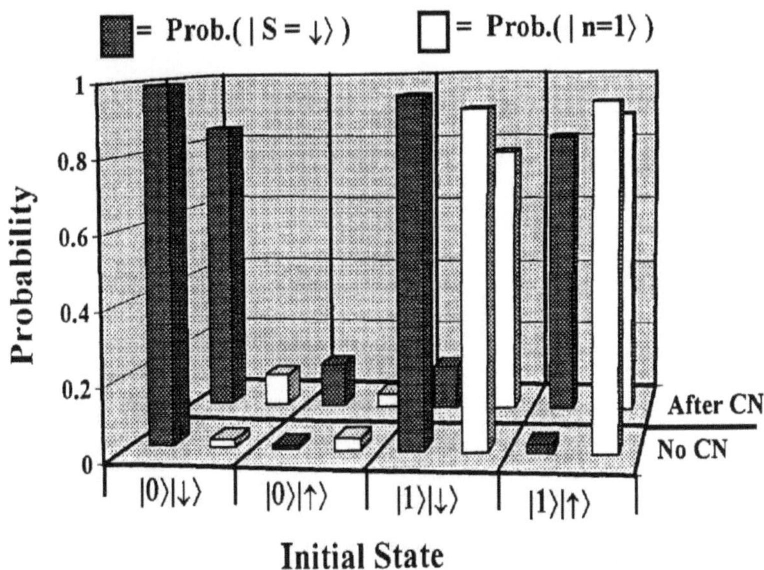

Medidas da tabela de verdade Controlled-NOT (CN) para autoestados. As duas linhas

horizontais dão os valores finais medidos de n e S com e sem funcionamento da porta CN,

expressos em termos $P\{n=1\}$ e $P\{S=\downarrow\}$. As medições são agrupadas de acordo com o

eigenstate inicial preparado do registo quântico (|0⟩| ↓⟩, |0⟩| ↑⟩ , |1⟩|↓⟩, ou |1⟩|↑⟩).

Mesmo sem

Operações CN, as probabilidades não são exactamente 0 ou 1 devido a um arrefecimento imperfeito por laser, estado

preparação e detecção preparação, e efeitos de decoerência. No entanto, com elevada probabilidade, a operação CN preserva o valor do qubit de controlo n, e inverte o valor do qubit alvo S apenas se $n = 1$.

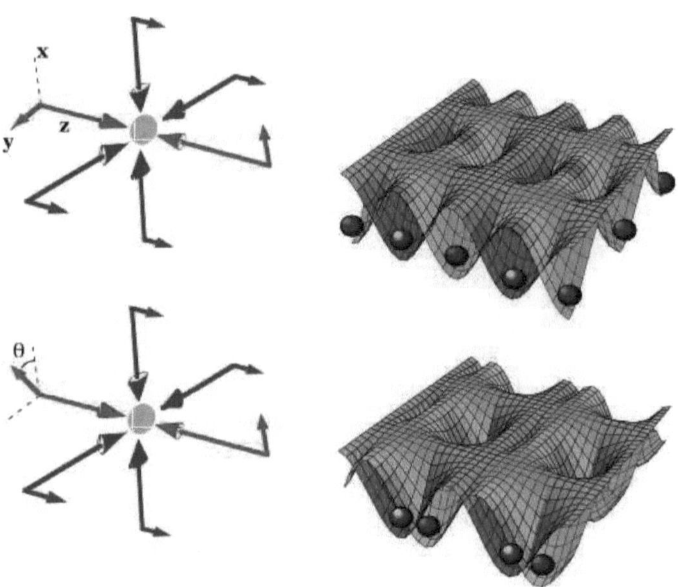

Visualização da figura acima Colisões controladas para lógica quântica podem ser realizadas numa malha óptica tridimensional. Ao longo do *eixo de* quantização z, os gradientes de polarização prendem dois grupos diferentes de átomos, rótulos pelos seus estados internos. Ao rodar os vectores de polarização, os átomos podem ser reunidos em pares para uma interacção coerente. No nosso protocolo, um campo laser adicional actua para excitar interacções entre dipólo-dipólo eléctrico.

Quando empregamos efeitos quânticos e de túnel devido ao nível de integração abaixo dos 50nm, o estilo do cálculo que utilizamos é clássico e não quântico. O principal objectivo deste

papel é estudar os desafios na concepção e fabrico de chips Nanoscale para computação utilizando giros e pontos quânticos. Os pontos quânticos (QD) são depósitos nano-dimensionados de um semicondutor incorporado noutro semicondutor. Uma vez que o material do ponto tem uma lacuna de banda energética menor do que a do material circundante, pode aprisionar portadores de carga. Enquanto os pontos Quantum são partículas compostas de centenas a milhares de átomos, em muitas das suas características comportam-se como um único átomo gigantesco. As propriedades ópticas e de transporte dos pontos quânticos, particularmente a facilidade de personalizar essas propriedades, ajustando o tamanho ou composição dos pontos, torna-os muito adequados para a electrónica molecular. Na categoria de QDs existem pontos individuais (também conhecidos como átomos artificiais), bem como pontos acoplados (moléculas de pontos quânticos), e um dispositivo composto de quatro ou cinco QDs chamado célula QD. A integração destes em duas arquitecturas é mostrada mais   FET tem uma fonte ferromagnética e dreno de modo a que a corrente que flui para o canal seja spin-polarizada. Quando uma tensão é aplicada à porta, os spins giram à medida que passam pelo canal e o dreno rejeita estes electrões antialinhados. O transporte macroscópico de spin foi demonstrado pela primeira vez em n- arsenieto de gálio dopado. Experiências recentes conduziram com sucesso rotações coerentes através de interfaces complexas entre cristais semicondutores de composição diferente. Para mais informações, consultar o artigo de síntese citado. Outra alternativa para a concepção de chips de computação em nanoescala seria a utilização de electrónica molecular. É possível construir comutadores electrónicos moleculares. A questão chave na concepção de um interruptor molecular em comparação com um interruptor de grande escala como um transístor é a capacidade de controlar o fluxo de electrões. A utilização de um dispositivo que se move, tal como rotaxanas ou catenanas, é um método, desde que haja alguma forma de registar o movimento. Outra forma de o fazer numa molécula é controlar a sobreposição de

orbitais. Por exemplo, com a sobreposição certa, pode ser possível que os electrões fluam, mas se nós

perturbar a sobreposição, poderá ser possível bloquear o fluxo. A tarefa de fabricar e testar dispositivos moleculares tão pequenos é possível através da utilização de um microscópio de varrimento em túnel (STM). Os STM utilizam uma ponta afiada e condutora com uma tensão de polarização aplicada entre a ponta e a amostra. Quando a ponta é trazida a cerca de 1 nm da amostra, os electrões da amostra começam a passar através da abertura de 1 nm para a ponta, ou vice-versa, dependendo do sinal da tensão de polarização. O processo envolve as propriedades de onda de um electrão para atravessar uma barreira energética com uma energia mais baixa do que se fosse uma partícula.

Resultados e Discussões:

As qubits podem ser transformadas utilizando os portões lógicos quânticos, que são executados com a ajuda de transformações unitárias U, que transformam o estado inicial $|\psi i>$ em estado final

$|\psi f >$ de acordo com

$$|\psi f > = U|_\psi i>$$

Dependendo do tipo de qubit, em que operam, lidamos com portões de um ou dois qubit. O quantum NOT gate, sendo uma contraparte do clássico NOT gate, definido como

$$\text{UNOT} \equiv 0\ 1$$

$$1\ 0$$

é um exemplo do portão de um qubit. Se escrevermos o estado de um qubit (1) numa forma matricial como

$$|\psi> = |c_0 c_1>$$

então o portão NOT funciona no estado de um qubit como se segue:

$$\text{UNOT} = c_0$$

$$c_1 = c_1$$

Como resultado, os estados base $\{|0\rangle, |1\rangle\}$ foram trocados, ou seja, $|0\rangle \leftrightarrow |1\rangle\rangle$. A porta de dois débitos opera no estado de dois débitos $|\beta 1, \beta 2\rangle \equiv |\beta 1\rangle|\beta 2\rangle$, **onde** $\beta 1$, $\beta 2 = $ **0, 1. Um** exemplo da importante porta de dois débitos é a **porta UCNOT** controlado-NOT**, para a** qual o primeiro débito ($|\beta 1\rangle$) **é o** débito de controlo e o segundo débito ($|\beta 2\rangle$) **é o** débito **alvo.** A porta **controlada-NOT (CNOT)** transforma os estados de dois débitos como se segue:

$$\text{UCNOT } |00\rangle = |00\rangle \text{ , UCNOT } |01\rangle$$

$$= |01\rangle \text{ UCNOT } |10\rangle = |11\rangle\rangle \text{ ,}$$

$$\text{UCNOT } |11\rangle = |10\rangle\rangle$$

O que significa que a porta **CNOT** muda o segundo qubit se e só se o primeiro qubit estiver em   estado $|1\rangle$? Foi demonstrado que o conjunto de operações lógicas, que consiste em todas as portas de um qubit e a porta única de dois qubit **UCNOT** é universal no sentido de que todas as transformações unitárias nos estados de N-qubit, onde N é arbitrário, podem ser expressas com a ajuda de diferentes composições das portas, que pertencem ao conjunto universal de portas. Outra propriedade importante dos cálculos quânticos é um paralelismo quântico, que se baseia no facto de que o único unitário

transformação pode operar simultaneamente em todas as desistências do sistema. O

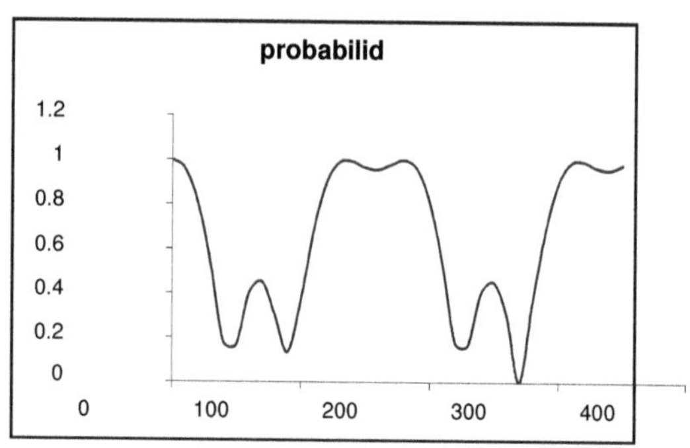

O paralelismo dos cálculos quânticos é uma característica imanente do sistema quântico; portanto, nenhuma tecnologia especial é necessária para a sua implementação. Este documento centrou-se em **Ψ*Ψ=1 para todas as entradas q-binárias, ou seja, 00, 01, 10&11.**

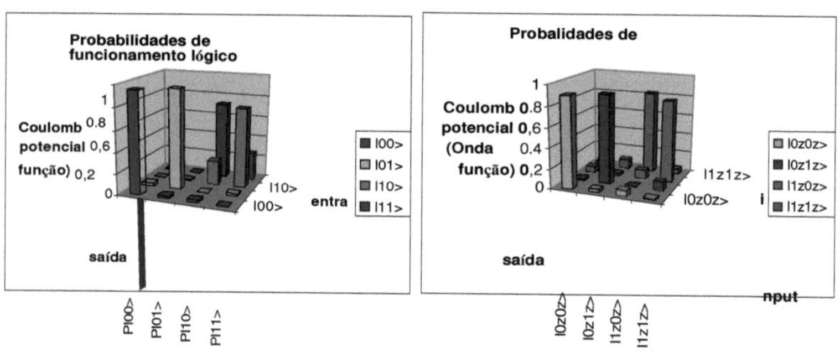

Processamento de Informação Quântica:

Informação clássica e quântica e conversão de um para outro. A informação clássica é representada por setas finas e a informação quântica como setas grossas. (a) A informação clássica pode ser considerada como uma forma particular de informação quântica. (b) A informação clássica pode ser recuperada a partir da informação quântica quando a fase de preparação é seguida de uma medição. O caminho de conversão é: clássico - quantum - clássico. (c) A informação quântica não pode ser recuperada quando a preparação segue a medição; a medição é um processo irreversível e altera o estado dos sistemas quânticos. A via de conversão neste caso é quântica - clássica - quântica.

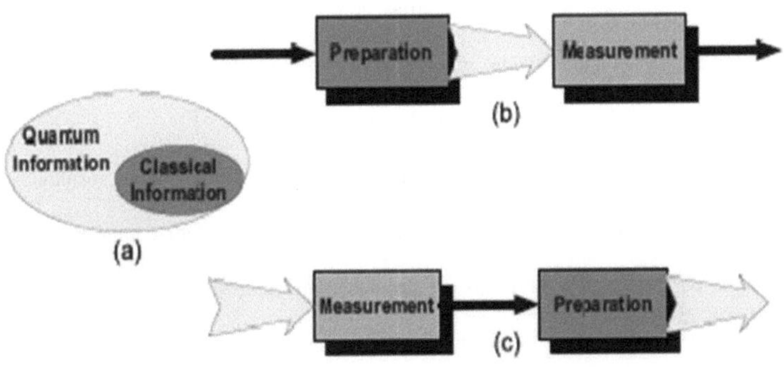

A ciência da informação quântica surgiu em resposta a uma variedade de desafios científicos convergentes. Um dos objectivos é sondar os fundamentos da teoria da computação. Quais são os limites

impostas à computação pelas leis fundamentais da física, e como pode o poder

computacional ser aumentado explorando a estrutura destas leis? Outro objectivo é alargar a

teoria de

comunicação. Quais são os limites físicos finais do desempenho de um canal de comunicação, e como é que os fenómenos quânticos podem ser aproveitados por novos protocolos de comunicação? Outro desafio é compreender e superar os efeitos quânticos que limitam a precisão da monitorização e manipulação de sistemas físicos. Que novas estratégias podem ser concebidas para fazer recuar a fronteira das medições quânticas limitadas, ou para controlar o comportamento de sistemas quânticos intrincados? Embora a ciência da informação quântica seja um campo amplo e em rápida expansão, existem alguns temas recorrentes subjacentes. A teoria da informação clássica, computação e comunicação desenvolveu-se extensivamente durante o século XX. Embora inegavelmente útil, esta teoria não pode caracterizar completamente como a informação pode ser utilizada e processada no mundo físico - um mundo quântico. Algumas realizações da ciência da informação quântica podem ser descritas como *generalizações ou extensões da teoria clássica que se aplicam quando a informação é representada como um estado quântico e não em termos de bits clássicos mostrados em baixo.*

O que torna esta busca intelectualmente convincente é que os resultados são tão surpreendentes. À primeira vista, os efeitos quânticos parecem comprometer os nossos esforços para armazenar, transmitir, e processar informação, porque os estados quânticos são altamente instáveis e não podem ser observados sem serem perturbados. De facto, como os componentes dos circuitos integrados continuam a encolher em direcção à escala atómica, os fenómenos quânticos colocarão limitações cada vez mais sérias no desempenho do hardware de processamento de informação, e uma importante tarefa da ciência da informação quântica será a de iluminar se e como tais obstáculos podem ser ultrapassados. Mas a grande surpresa é que as notícias sobre os efeitos quânticos não são todas más - longe disso! A fragilidade da informação quântica torna-se uma característica muito positiva quando se reconhece que a escuta de um quantum

canal de comunicação deixa necessariamente uma impressão detectável, de modo que comunicando com qubits proporciona melhor privacidade do que a comunicação com bits clássicos. Muito mais espantoso, a complexidade intrínseca da informação quântica garante que sistemas quânticos de tamanho modesto sejam dotados de um poder computacional verdadeiramente vasto, de modo a que um computador quântico que actue apenas sobre centenas de qubits seja capaz, em princípio, de executar tarefas que nunca poderiam ser executadas por computadores digitais convencionais.

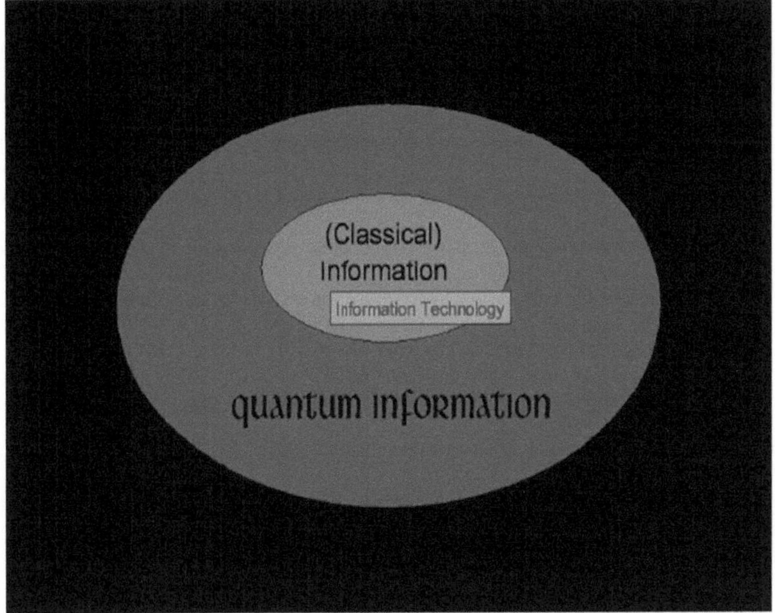

A teoria bem estabelecida da informação clássica e do cálculo é na realidade um subconjunto de um tópico muito maior, a teoria emergente da informação quântica e da Computação.

Spintronics e processamento de informação quântica:

Desde os anos 80, os campos da Spintronics e da computação quântica trouxeram a spin para o reino da tecnologia. Hoje em dia, existe um interesse rapidamente crescente na ciência da informação quântica, um campo que aproveita o comportamento dos sistemas quânticos para alimentar protocolos mais rápidos e eficientes de comunicação e computação. Algoritmos quânticos, protocolos criptográficos quânticos e simuladores quânticos prometem todos enormes avanços tecnológicos no campo do processamento da informação. A busca da realização de um processador de informação quântica tem atraído muitos competidores fortes nos campos da física e da engenharia. De particular interesse hoje em dia é a implementação da computação quântica com dispositivos de estado sólido, utilizando charge-qubits ou spin- qubits. Dados quantum bit (Qubit) com comparação de dados digitais (bit). Representamos o estado de bit quântico alto ou baixo i.e. 0 e 1 em caso de "spin" digital por "spin" de um único electrão ou "up spin = -1/2" ou "down spin = +1/2" que representam Quantum 1 ou 0 respectivamente. Para uma possível combinação Qubits "spin orbit coupling" e "Quantum point contact (QPC)" é utilizada.

Bloco sete: Referências

1) G. Timp, editor, Nanotechnology, AIP Press, Springer-Verlag (Nova Iorque, 1999).

2) Edição especial sobre estruturas de pontos quânticos, Japanese Journal of Applied Physics, Vol. 38, No.

3) 1B (1999).

4) L. L. Sohn, L. P. Kouenhoven, e G. Schoen, editores; Mesoscopic Electron Transport,

5) Kluwer (Dordrecht, 1996).

6) S. Frank, P. Poncharal, Z. L. Wang, e W. A. de Heer, "Carbon Nanotube Quantum 7) Resistors", *Science* **280**, 1744 (1998).

8) Terrell L. Hill, Thermodynamics of Small Systems, Dover (Nova Iorque, 1994).

9) E. Coronado, P. Delhaes, D. Gatteschi, e J. S. Miller, editores: Magentismo Molecular: From Molecular Assemblies to Devices, NATO AISI Series E. Vol. 321, Kluwer (Dordrecht, 1996).

10) D. Givord e M. F. Rossingol, "Coercivity", p. 210, em Rare Earth Permanent Magnets, J.

11) M. D. Coey, editor, Oxford University Press (Oxford, 1997).

12) G. A. Prinz, "Magnetoelectronics," *Science* **282**, 1660 (1998).

13) J. Harris e D. Awschalom, "Thin films squeeze out domains", *Physics World* **19**, (1999).

14) Edição especial sobre "Comportamento Mecânico dos Materiais Nanoestruturados", MRS Bulletin, Vol.

15) 24, No. 2, Fevereiro de 1999.

16) T. A. Michalske e J. E. Houston, "Nano-Mechanical Dislocation Nucleation at Nano-Mechanical Contacts,"

17) *Acta Mater.* **46**, 391 (1998).

18) P. Keblinski et al., "Amorphous Structure of Grain Boundaries and Grain Junctions in Nanocrystalline Silicon by Molecular-Dynamical Simulation", *Acta Mater.* **45**, 987 (1997); D.

19) Wolf et al., "Phonon-Induced Anomalous Specific Heat of a Nanocrystalline Model Material by Computer Simulation", *Phys Rev. Lett.* **74**, 4686 (1995).

20) J. Knight, "The Dust Mite's Dillema", New Scientist, Abril de 1999, p. 41.

21) J. Travis, "Making Light Work of Brownian Motion", Research News, *Science* **267**, 1593,

22) 1995; B. G. Levi, "Measured steps advance the understanding of molecular motors," Search

23) e Discovery, *Physics Today*, **19**, (1995).

24) R. McGraw e R. LaViolette, "Flutuações, temperatura, e equilíbrio detalhado em clássico

25) teoria da nucleação", *J. Chem. Phys.* **102**, 8983 (1995).

26) G. Adam e M. Delbrück, "Reduction of Dimensionality in Biological Diffusion Processes", p. 198, em Structural Chemistry and Molecular Biology, A. Rich e N. Davidson, editores, W. H. Freeman (São Francisco, 1968).

27) D. Bouwmeester, J.-W. Pan, K. Mattle, M. Eibi, H. Weinfurter, e A. Zeilinger, "Experimental Quantum Teleportation", *Nature* **390**, 575 (1997).

28) Edição especial: Quantum Communications, *J. Mod. Optics* **41** (1994).

29) O. Hirota, e C.M. Caves, Quantum Communication, Computing, and Measurement,

30) *Plenum Press* (1997).

31) W. Tittel, et al., "Long-distance Bell-type tests using energy-time enangled

photons," 32) *Phys. Rev.* **A 59**, 4150 (1999).

A. Watson, "Entangled Trio to Put Nonlocality to the Test", *Science* **283**, 1429

(1999).

33) Einstein, B. Podolsky, e N. Rosen, "Can Quantum Mechanical Description of Physical

34) A realidade seja considerada completa"? *Phys. Rev.* **47**, 777 (1935).

35) J. S. Bell, "On the Einstein-Podolsky-Rosen Paradox", *Phys.* **1**, 195 (1964); também,

36) "Speakable and Unspeakable in Quantum Mechanics", *Imprensa da Universidade de Cambridge*

(1988).

37) D. Bouwmeester, et al., "Observation of Three-Photon Greenberger-Horne-Zeilinger

38) Entanglement," *Phys. Rev. Lett.* **82**, 1345 (1999).

39) 9

40) T. P. Spiller, "Quantum Information Processing" (Processamento de Informação
Quântica): Criptografia, Computação, e

41) Teleportação", *Proc. IEEE* **84**, 1717 (1996).

42) D. M. Greenberger, "Se se pudesse construir um estado macroscópico de
Schrodinger Cat, poder-se-ia

43) comunicar superluminalmente", *Physica Scripta* **T 76**, 57 (1998).

44) R. Feynman, "Quantum Mechanical Computers," *Optics News* **11**, 11 (1985).

A. Steane, "Quantum Computing," *Rept. Prog. Phys.* **61**, 117 (1998).

45) H. K. Lo, S. Popescu, e T. Spiller, "Introduction to Quantum Computation and

46) Information", *World Scientific* (1998).

47) G. Berman, et al., "Introduction to Quantum Computers", *World Scientific* (1998).

48) Daniel, G. (1999). Códigos de Correcção de Erros Quânticos. Recuperado em 31st de

Novembro de 2002 de: http://qso.lanl.gov/~gottesma/QECC.html

49) Manay, K. (1998). Os computadores Quantum poderiam ser mil milhões de vezes mais
rápidos do que o Pentium III. EUA

50)

Hoje em dia.   Recuperado em   em   Dezembro1 ,[st]   2002

de: http://www.amd1.com/quantum_computers.html

51) QuantumComputers   .   Recuperado em[st]   em

Dezembro1 ,   2002

52) de: http://www.ewh.ieee.org/r10/bombay/news4/Quantum_Computers.htm

53) Quantum   Computers&   Moore'sLaw. Recuperado em[st] ,   2002from   :
1   de Dezembro

http://www.qubyte.com

54) Computadores Quantum: O que são eles e o que significam para nós? Recuperados em

1 de Dezembro de 2002 a partir de:
http://www.carolla.com/quantum/QuantumComputers.htm

55) Oeste, J (2000). Quantum Computers. Obtido a 1 de Dezembro de 2002 do Instituto de

Tecnologia da Califórnia   ,   site da Web educacional   :

http://www.cs.caltech.edu/~westside/quantum-

intro.html#qc

56) P. S. Jessen e I. H. Deutsch, Optical Lattices", *Advances in Atomic, Molecular, and Optical Physics* **37**, p. 95-136,B. Bederson and H. Walther eds., (Academic Press, San Diego, 1996).

57) H. Deutsch e P. S. Jessen; "Quantum state control in optical lattices", Physical Review A **57**, 1972-1986 (1998).

58) H. Deutsch, G. K. Brennen, e P. S. Jessen, "Quantum computing with neutral atoms in an optical lattice", - Special Issue on Physical Implementations of Quantum Computing - Fortschritte der Physik **48**, 925-

57) 943 (2000).

58) P. S. Jessen, D. L. Haycock, G. Klose, G. A. Smith, I. H. Deutsch, e G. K. Brennen, "Quantum control and information processing in optical lattices", Quantum Information and Computation, **1** 20 (2001). - Edição especial sobre a implementação da Quantum

59) Deutsch, D. & Ekert, E. Quantum computation. Phys. World 11, 47-52 (1998).

60) Braunstein, S. L. & Lo, H.-K. (eds) Propostas experimentais para cálculo quântico. Fortschr. Phys. 48 (edição especial 9-11), 767-1138 (2000).

61) Shor, P. W. em Proc. 35th Annu. Symp. Foundations of Computer Science (ed. Goldwasser, S.) 124-134 (IEEE Computer Society Press, Los Alamitos, 1994).

62) Grover, L. K. A mecânica quântica ajuda na procura de uma agulha num palheiro. Rev. Phys.

Lett. 79,

63) 325–328 (1997).

64) Bennett, C. & DiVicenzo, D. Quantum information and computation. Nature 404, 247- 255 (2000).

65) Ekert, A. & Josza, R. Quantum algorithms: emaranhamento melhoria do processamento de informação. Phil.

66) Trans. R. Soc. Lond. A 356, 1769–1782 (1998).

67) Gottesman, D. & Chuang, I. L. Demonstrando a viabilidade do cálculo quântico universal utilizando o teletransporte e operações de um quantum. Nature 402, 390-393 (1999).

68) Knill, E., Laflamme, R. & Milburn, G. J. Um esquema para um quantum eficiente computação

com ópticas lineares. Natureza 409, 46-52 (2001).

69) Linden, N. & Popescu, S. Boa dinâmica versus má cinemática: É necessário emaranhamento para o cálculo quântico? Phys. Rev. Lett. 87, 047901 (2001).

70) Josza, R. & Linden, N. Sobre o papel do emaranhamento na velocidade quântica computacional - para cima. Proc. R. Soc. Lond. A 459, 2011–2032 (2003).

71) Nielsen, M. A. Computação quântica por medição e memória quântica. Phys. Lett.

A 308, 96–100 (2003).

72) Biham, E., Brassard, G., Kenigsberg, D. &Mor, T. Quantum computing sem emaranhamento. Theor. Computação. Sci. 320, 15-33 (2004).

73) Briegel, H. J. & Raussendorf, R. Emaranhamento persistente em matrizes de interacção partículas.

Phys. Rev. Lett. 86, 910–913 (2001).

74) Raussendorf, R. & Briegel, H. J. Um computador quântico unidireccional. Phys.

Rev. Lett. 86, 5188–5191

75) (2001).

76) Raussendorf, R. & Briegel, H. J. Modelo computacional subjacente ao computador quântico unidireccional. Quant. Informar. Computador. 2, 344–386 (2002).

77) Raussendorf, R., Brown, D. E. & Briegel, H. J. O computador quântico unidireccional - um modelo de computação quântica não de rede. J. Mod. Opt. 49, 1299-1306 (2002).

78) Raussendorf, R., Brown, D. E. & Briegel, H. J. Computação quântica baseada em estados de agrupamento. Phys. Rev. A 68, 022312 (2003).

79) Nielsen, M. & Dawson, C. M . Fault-tolerant quantum computation with estados de agrupamento.

Pré-impressão em khttp://arXiv.org/quant-ph/04051341 (2004).

80) Mandel, O. et al. Colisões controladas para emaranhamento de íons opticamente presos com múltiplas partículas.

81) Nature 425, 937-940 (2003).

82) O'Brien, J. L., Pryde, G. J., White, A. G., Ralph, T. C. & Branning, D. Demonstração de um portão quântico controlado totalmente óptico e não quântico. Nature 426, 264-267 (2003).

83) Schmidt-Kaler, F. et al. Realização do portão Cirac_Zoller controlado - não quântico. Nature 422, 408_411 (2003).

84) Leibfried, D. et al. Demonstração experimental de uma porta de fase geométrica robusta e de alta fidelidade de dois iões-quitro. Nature 422, 412_415 (2003).

85) O'Brien, J. L., Pryde, G. J., White, A. G., Ralph, T. C. & Branning, D. Demonstração de um portão quântico controlado totalmente óptico e não quântico. Nature 426, 264_267 (2003).

86) Gasparoni, S., Pan, J.-W., Walther, P., Rudolph, T. & Zeilinger, A. Realização de um portão fotónico controlado - não suficiente para o cálculo quântico. Phys. Rev. Lett. 93, 020504 (2004).

87) Pittman, T. B., Fitch, M. J., Jacobs, B. C. & Franson, J. D. Porta experimental controlada - não lógica para fótons simples na base da coincidência. Phys. Rev. A 68, 032316 (2003).

88) Bao, X.-H. et al. Portão óptico não controlado e não destrutivo sem utilização de fotões enredados. Phys. Rev. Lett. 98, 170502 (2007).

89) Steffen, M. et al. Medição do emaranhamento de duas supercondutoras de desistências através de tomografia estatal. Science 313, 1423_1425 (2006).

90) Plantenberg, J. H., de Groot, P. C., Harmans, C. J. P. M. & Mooij, J. E. Demonstração de portões quânticos controlados-não quânticos num par de bocados quânticos supercondutores. Nature 447, 836_839 (2007).

91) Mandel, O. et al. Colisões controladas para o enredamento de várias partículas de átomos opticamente presos. Nature 425, 937_940 (2003).

92) Anderlini, M. et al. Interacção de troca controlada entre pares de átomos neutros

numa malha óptica. Natureza 448, 452_456 (2007).

93) Ralph, T. C., Resch, K. J. & Gilchrist, A. Portões eficientes de Toffoli usando qudits.
Phys. Rev.

A 75, 022313 (2007).

94) Nielsen, M. A. & Chuang, I. L. Quantum Computation and Quantum Information

(Cambridge Univ. Press, 2000).

95) Cory, D. G. et al. Correcção de erros quânticos experimentais. Phys. Rev. Lett. 81,

2152_2155 (1998).

96) Dennis, E. Para um cálculo quântico tolerante a falhas sem concatenação.
Rev. Phys.

A 63, 052314 (2001).

97) Shi, Y. Tanto Toffoli como controlado - não precisam de pouca ajuda para fazer o

cálculo quântico universal. Quantum Informar. Computação. 3, 84_92 (2003).

98) Aspuru-Guzik, A., Dutoi, A. D., Love, P. J. & Head-Gordon, M. Simulated

99) computação quântica das energias moleculares. Ciência 309, 1704_1707 (2005).

100)   J.-L. Basdevant e J. Dalibard, *Mecânica Quântica*
(Springer-Verlag, 2002).

101)   W. Gerlach e O. Stern, Z. Phys. 9, 349 (1922).

A. Einstein, B. Podolsky, e N. Rosen, Phys. Rev. 47, 777 (1935).

102)   G. A. Gallup, H. Batelaan, e T. J. Gay, Phys. Rev. Lett. 86, 4508 (2001).

103)   H. Batelaan, T. J. Gay, e J. J. Schwendiman, Phys. Rev. Lett. 79, 4517 (1997).

104)   M. Garraway e S. Stenholm, Phys. Rev. A 60, 63 (1999).

105)   G. Rutherford e R. Grobe, J. Phys. A 31, 9331 (1998).

106)   S.-I. Tomonaga, *The Story of Spin* (Imprensa da Universidade de Chicago, 1997).

107)   P. R. Holland, *The Quantum Theory of Motion* (CUP, 1993).

108)   Bohm e B. J. Hiley, *The Undivided Universe* (Routledge, 1993), cap. 12, p. 272.

109)   Bohm and B. J. Hiley, Phys. Rep. 144, 323 (1987).
110)   G. Prinz, Science 282, 1660 (1998).

111)   G. Burkard, H.-A. Engel, e D. Loss, cond-mat/0004182 (2000).

112)   R. Feynman, Int. J. Theor. Phys. 21, 467 (1982).

113)   P. Shor, em *Anais do 35° Simpósio Anual sobre Fundamentos da*

Informática

114)   (1994), pp. 124{134, quant-ph/9508027.

A. Ekert e R. Jozsa, Rev. Mod. Phys. 68, 733 (1996).

115)   M. Nielsen e I. Chuang, *Quantum Computation e Quantum information*

(Cambridge

116)   Imprensa Universitária, 2000).

117)   C. H. W. Barnes, J. M. Shilton, e A. M. Robinson, Phys. Rev. B 62, 8410

(2000).

118)   S. Furuta, C. W. H. Barnes, e C. J. L. Doran, Phys. Rev. B 70, tbc (2004).

119)   N. Boulant, S. Furuta, J. Emerson, T. F. Havel, e D. G. Cory, J.
Química. Física.

121, 2955 (2004).

Merzbacher, *Quantum Mechanics* (Wiley, 1961).

121)   Ligação química M.S.Sathi, Y.modi, S.A. Iqbal.

122)   A física e a química dos sólidos. O pub de Oxford.

123)   Física dos materiais de engenharia, Denial.d. Phollock.

124)   Física de baixa dimensão M.J.Kelly.

125)   Física da estrutura por Jusprit singh.

126)   Física do estado sólido por jusprit singh,pritice hall pub.

127)   Optoelectrónica por pullab Bhattachariya. Pub Pritice hall.

128)   Semiconductor electronics por Streetman,pub de printice hall.

129)   Dispositivos semicondutores por Ferendci,THM.

130)   Poço quântico, fios e ponto, H. Paul.

131)   Nanotecnologia, Mark e educação danial Ratner.pearson.

132)   Física da micro/fabricação/nano fabricação, Muriey.

133)   Intrudução à nanociência e nanotecnologia, Mikuno.

134)   Computação quântica e informação quântica, chang.camridge
Pub Univ.

135)   Vijay .A.singh et alIJP,78A(1),61-65 (2004).

136)   .W.Beenkar, vol 44,num 4,phy rev B,July 1991 Pp 1646-1656.

137)   Athur J.Nazik, j de phy chem, junho de 1996,13061-13078.

138)   Manoj.k. Harbola et al,PRL,vol62,jan 1989,pp 489493.

139)   V.K. Rajaraman et al, phy rev B65, 4531,2002.

- Gunnnarsson et al, phy rev b13, 4274,1976.

140)   D. loss,et al,PRL, 79,1997,2371.

A. Shhirman et al, PRL,.

141)   A.Ekkert et al, rev. do mod phy68,733,1996.

142)   C.S.Lent et al,JAP,74; 1993,6227.

143)   C.S.Lent et al,IEEE, 85,1997,541.

144)   P.D.Tougaw, et al JAP, 75, 1994,1818.

145)   C.H.Bennet et al,PRL, 70,,, 1895, 1993.

146)   C.H.Bennet et al, PRL,69, 2881, 1992.

147)   R.H Dick,phy rev 93,99, 1954.

148)   G.A.Prinz sci,282,1660,1998.

149)   S . Dutta et al ,appl phy lett,56, 665,1993.

150)   P.rechur et al, phy rev lett,85, 1962,2000.

Printed by Books on Demand GmbH, Norderstedt / Germany